魯金

著

魯金作品集

香港中區街道故事

香港史研究興起之前，很多本地早期事蹟主要靠掌故保存下來。所謂「掌故」，是指關於歷史人物、社會風俗以及典章制度等的故實或傳聞。記載掌故的文章，或在報刊上發表，或見於文集、傳記、回憶錄中，是研究歷史不可或缺的參考材料之一。至於掌故是否全部確鑿可信，則有賴歷史學家進一步的考索和印證。

本地報紙的副刊，向以內容豐盛見稱，不乏佳作，造就了多位作家、小說家甚至專家學者。以掌故名家的亦復不少，當中的表表者是魯金，譽為香港掌故大家，是實至名歸的。著述繁富，時至今日仍有可供閱讀和參考的價值。

著名報人和作家

魯金（1924–1995），原名梁濤，祖籍廣東省雲浮市新興縣，生於澳門。以筆名魯金為人所熟知，其他筆名包括魯言、夏歷、魯佳方、老街方、三繞、夏秋冬等。從事新聞事業逾半個世紀，早年曾經在省、港、澳及戰時的韶關各大報章擔任編輯和撰述工作；抗日戰爭勝利後，定居香港。

魯金長期留意香港史事，對人物掌故和時代變遷瞭如指掌，寫成多篇文章，部分輯成專書。他為廣角鏡出版社編著《香港掌故》，總共出版了十三集；又為三聯書店主編「古今香港系列」叢書，當中有幾種是他自己的作品。1992 年，為市政局編寫《香港街道命名考源》和《九龍街道命名考源》。

主編「古今香港系列」

　　1988 年，三聯書店開始出版由梁濤主編的「古今香港系列」，是認識香港百多年來歷史進程和社會發展的一套重要叢書，備受注意，廣泛流傳。當中《港人生活望後鏡》、《粵曲歌壇話滄桑》和《九龍城寨史話》都署「魯金著」，是他比較重要的專書，視為代表作，似亦未嘗不可。《港人生活望後鏡》介紹了昔日香港流行的生活方式和習俗，包括飲食、時裝、娛樂、中藥等行業，及曾經流行一時的俗語等。《粵曲歌壇話滄桑》系統地敍述粵曲歌壇不同階段的發展，及早期粵曲歌伶、名曲玩家的生平逸事。《九龍城寨史話》搜集了大量歷史材料，並進行實地考察，是了解九龍城寨的基礎讀物。

　　講述港九各個地區街道的故事，魯金亦優以為之。《香港中區街道故事》和《香港東區街道故事》，均署「夏歷著」，街名來歷及相關事蹟，娓娓道來，除非是老街坊，否則是未必知道的。後來三聯書店編印「香港文庫‧新古今香港系列」，除重印《香港中區街道故事》、《香港東區街道故事》外，增出《香港西區街道故事》、《九龍街道故事》、《新界及離島街道故事》，均署名「魯金」。港九、新界齊備，魯金走遍全港是名不虛傳的。

編著《香港掌故》

　　1977 至 1991 年，廣角鏡出版社出版了《香港掌故》十三集，前三集都是魯金的文章，總共四十三篇。當中有不少文章講述香港的百年發展，如第一集的〈百年來香港幣制沿革〉、〈百年來港澳交通史〉，第二集的〈百年來香港中文報紙版面的變遷〉，第三集的〈百年來香港新年習俗沿革〉和〈百多年來省港關係發展史話〉。

　　魯金講掌故，比較重視歷史脈絡和時代變遷，例如第一集就有〈香港食水供應史〉、〈香港稅收史話〉、〈香港海盜史略〉、〈香港嚴重的風災史〉等，第二集有〈香港的貪污與反貪污史〉和〈馬年談香港賽馬史〉，第三集有〈香港和中國邊界交通史〉和〈百多年來省港關係發展史話〉。也有關於重要歷史事件的，包括〈五十年前的香港大罷工〉、〈香港淪陷與香港重光〉之類。

　　第四集起，每集只有一至四五篇署名「魯言」的文章，重要的有〈耆英在香港〉（第四集）、〈香港華人社團的發展史——三易其名的香港中華總商會〉（第五集）、〈香港清末民初武術發展史話〉（第十一集）等。十三集合共有署名「魯言」的文章六十多篇，內容包羅萬有，謂為百科全書式的香港掌故家，亦曰得宜。第二集中〈關於處理香港歷史資料的態度問題〉，頗可注意；第六集中有吳志森的〈魯言先生談《香港掌故》〉，有助加深了解。

其他著作與文獻材料

魯金還有幾種著作。1978年廣角鏡出版社出版《香港賭博史》；1990年代次文化堂出版包括：一、《香港廟趣》；二、《妙言廟宇》；三、《香江舊語：老派廣東話與香港民生關係概説》；四、《魯金札記：中國民間羅漢小史》。

總的來説，魯金掌故之所以有分量和特色，主要有幾個原因：第一，有新聞觸角和歷史眼光，而且能夠兩者兼顧；第二，文獻材料加上實際考察，既能互補又有互動；第三，香港事物配合中外發展，洞悉時代環境的變遷。鄭明仁在《香港文壇回味錄》（天地圖書有限公司，2022）中，稱魯金為「香港掌故之王」。

香港中央圖書館香港文學資料室設有「魯金文庫特藏」，從中可見魯金生前收藏的書刊、文獻和剪報材料等，這對於研究一個作家的生平與著作，是十分珍貴和有用的。隨著魯金大量作品的重印及整理結集，他在本地掌故方面所作出的努力與貢獻，相信可以得到更多肯定，亦有助於香港研究的深化和發展。

周佳榮

香港浸會大學歷史系榮休教授

2022年12月

目錄

前言

香港街道的名稱看似雜亂無章，其實它們都各有起因，而且離不開「地名學」的範疇。因此，研究起香港街道命名的由來，少不免觸及許多關於香港歷史的故事和街坊傳說。

查中國各大城市的街道，亦有一套命名的法則。有些街道以人名命名，有些街道以官衙所在地命名，有的街道名稱源於古代城門的位置，有的則冠以花草樹木的名字。其中，也有不少街道是用吉祥句，或以其所在範圍內最特出的行業名稱命之。在香港，同樣有自己的街道命名法則，只因這裡是華洋雜處之地，一些街道也許先有英文名字而後才有中文譯名，但由於不同的年代或各異的社會背景，加上譯者的翻譯水平有所差別，遂出現了好些近似的街道名稱。舉例說，港島中區既有文咸街，又有般咸道（曾一度被稱為「般含道」）；「文咸」和「般咸」，實際上是同一人的名字，只不過是異譯，才會有一字之差罷了。至於那位既稱「文咸」又稱「般咸」的人，正是香港第三任總督，他精通中文，並給自己擬了一個很中國化的名字——文翰，可是香港早期的翻譯人員卻未有留意，才把本來謂之「文翰」的兩條街道，先後譯成與此有出入的不同街名。

香港一些街道除了在路牌上標明正式的路名外，亦有被坊眾慣稱的俗名。街道的俗名亦即街道的綽號，是人們於日常生活中有見及該處的某種特徵或現象而賜給它的。類似情況，在世界各大城市都有，香港也不例外，譬如本書提及的「二奶巷」、「紅毛嬌街」、「長命斜」和「南北行街」等等，均為香港中區部分街道的俗稱。街道的俗名與正式名稱一樣都有其來源。如果我們

找到這個源頭，街名產生的來龍去脈不但一目瞭然，而且個中的
內涵或有關掌故，當能令人發出會心微笑。

　　香港早期若干街道，是由該處發展商命名的，這點希望讀者
研究時加以留意。香港昔日的建築物，主要仗磚瓦木石等材料建
造。至於樓宇的形式，則因發展商、業主和租客大多是中國人，
而自然地帶有中國村屋的風格。其時，樓宇的高度一般不會超過
三層（多為兩層高的房屋），發展商必須購入大幅土地，興建數
以十幢計的屋宇，並且將之售出才易謀利。由於在同一地方同時
建造多幢房屋，便需要撥出通道以利於住客進出，這便形成所謂
私家街道。既然這類街道屬於發展商的私有土地，那末由發展商
命名是合乎情理的，而發展商通常愛用吉祥字句作為私家街的名
稱。經過百年多變遷，香港有些私家街道內的樓宇已更易業權，
並改建成層數較多的大廈，原來的私家街道亦漸被政府收回。今
天，我們很可能從表面上誤以為這些街道的名稱是由政府命名
的。事實上，假如不尋根問底，追溯地方歷史，便很難將之查考
出來。

　　香港有些街道是用華人名字命名的，但香港上流社會中的華
人都有一個英文名字，因此，以這階層華人的名字命名的街道，
往往使人以為其中人物是一位英國人。像這類街名，書中亦有介
紹。

　　《香港中區街道故事》只詳述十二條街道，當然，值得談的
香港街道實不止此數，就是中環一區，仍有很多具歷史性和有趣
的掌故的街道，鑒於篇幅關係，唯有待日後再予讀者介紹。不過，
本書提及的街道在中區亦有一定的代表性，發生在它們身上的故

事亦充分反映了香港街道命名的法則、俗名的起源以及中英文街名異譯的由來，並局部地呈現了百年香港歷史的發展痕跡。

梁濤

1988 年 6 月 20 日

般咸道、文咸街與第三任港督

一個港督幾種譯名

般咸道的路牌，已由從前的「般含」改為「般咸」。把「含」字改成文咸街的「咸」字，但又不把「般」字改回「文」字。照理，般咸就是文咸，因為這兩條街道的命名，是用來紀念第三任港督 Bonham 的。既然從前名般含道可以改成般咸道，何不把譯名統一起來，譯回文咸道呢？

在中文成為法定語言的今日，中文譯名應該統一。第三任港督的中文名有不同的譯法，這是從前不重視中文的師爺的陋習。現在似是改變這種不重視中文的陋習的時候了。

般咸道是在中環半山區，這條馬路連接堅道，起點在樓梯街口。文咸街分文咸東街和文咸西街，是在上環街市附近。文咸西街又稱南北行街，因為街口有座南北行公所，街上又有很多經營南北貨物的行莊。

文咸東街其實只稱文咸街，因為根據屋宇地政署測繪處於 1988 年出版的《香港街與地方》（*Hong Kong Guide Streets & Places*）所載，文咸東街的英文名稱為 Bonham Strand，並沒有東字，而文咸西街，才加一個 West。但 Strand 這個字，是海濱之意。可見文咸東西街從前是海灘，是將海灘填平後，開闢而成的街道。

在談這些街道開闢的歷史之前，先介紹香港第三任港督的歷

第三任港督文翰。中區的般咸道和文咸街均以其名字命名。

昔日文咸街路邊，常見勞苦大眾利用休息或待聘的時間，圍玩潮州四色紙牌。

圖為般咸道之一段，對上是香港大學校址。

史。般咸的英文全名為 Samuel George Bonham（1848–1854）[1]，他另有一個中文名字，叫做文翰。

般咸是 1848 年來香港上任的。當他來港之前，上任港督戴維斯（John Francis Davis, 1844–1848）返英，告訴他耆英曾許諾兩年後准許英商入廣州城，故般咸來港就職後，即部署和兩廣總督談英商入城問題。

原來耆英在 1848 年 2 月 3 日（道光二十七年十二月二十九日）奉召返京，兩廣總督一職，由廣東巡撫徐廣縉署理，當般咸來港時，徐廣縉已正式授命為兩廣總督，並授命為欽差大臣。徐廣縉在處理黃竹岐案時，用一命一抵的古老方法緩和了中英關係，因此在般咸眼中，認為徐廣縉是個溫和派，容易解決英商入城問題，但他要找一個適當時機提出。

這時機終於給他找到，他接到情報，知道徐廣縉巡視虎門，於是就在這一天，乘坐軍艦到虎門去，作為到廣州去拜會他，而於途中相遇，請他到自己的旗艦去談談。關於這件事，梁廷枏《夷氛聞記》記云：

> 時夷酋文翰已代德來駐香港數月矣。聞廣縉巡歷海口，思乘其出劫之於舟，俾險浪驚心，倉卒間必踐夙諾，較以文爭易，而不慮再有遷延也。

1　編者註：括號內的年份，係指其港督任期，下同。

文咸東街與蘇杭街交界，約 1920 年代。
（由陳照明先生提供）

由文咸東街西望蘇杭街的商舖，約 1920 年代。
（由陳照明先生提供）

　　所謂文翰，就是般咸；德，就是戴維斯。所謂「劫之於舟」，只是當時士大夫們的看法，實則是藉這個機會，和徐廣縉在軍艦上會談，比在廣州會談較為有利而已，並不是把徐廣縉劫持到軍艦上來。但由於般咸突然而至，故含有「劫」的意味。

英商入城　先禮後兵

　　當時般咸是當作到廣州作禮貌上的拜會，偶然在虎門見到徐廣縉的旗艦，便以禮相請，並不是用武力去劫。故《夷氛聞記》接著便説：

> 　　則請廣縉臨其舟，廣縉慨然許之。夷舟方椗內洋，隨行官吏咸謂風濤固不測，且身入虎群，履其咥人之尾，設有變，將奈何？廣縉曰：「若輩慮彼敢遮留我乎？留我不有水師提督在乎？因語提督洪名香：若我留彼舟不還，可悉舟師攻之！我自有處，勿以我故，遲疑投鼠忌器也。」言已，欣然棹扁舟，越重礁險澳，乘如屋巨浪，跨登夷舶梯二十餘級，至其舶樓。

　　當時般咸的確是以禮相待，他和徐廣縉握手，然後請他到會議室去，和他詳談。般咸先談的是英國貨物的入口稅問題，最後才談入城問題。他說中國既然答應兩年後准許英商入城，現在兩年之期已到，應該按期履行諾言了。但徐廣縉的外交手腕也很圓滑。

《夷氛聞記》記下他對般咸所説的話：

> 耆相之許爾，在我來粵之先，我來未奉詔諭，何能
> 妄予爾期？

就是説，他把責任推在耆英身上，説耆英答應兩年後准許英商入城，但他不知道，又未接到皇帝的聖旨，怎能定下入城之期呢？

般咸也是一位老練的外交家，他説耆英目前在北京，可以立即將我的意見，向道光皇帝陳述，叫他詢問耆英，請准英商入城的日期。

般咸初時以為徐廣縉容易對付，不料交過手之後，方知他的外交手腕比耆英還老練些。徐廣縉見般咸建議立即向道光皇帝請准定期許英人入城，便説可以照辦。不過文書往來，需要一些時日，請閣下耐心等候皇上覆旨可也。般咸立即又知道入了圈套。因這樣一來，以後徐廣縉就可以推説未接皇帝聖諭，長期的推諉下去，豈不無法反駁？

於是般咸就提議，叫徐廣縉將奏章交給他，由他用兵船送到天津，替徐廣縉遞交北京。徐廣縉又認為有違法制，加以拒絕。關於當時兩人談判的情形，《夷氛聞記》載云：

> 文翰以為緩，願自備火輪，舟出粵洋抵津代遞。廣
> 縉曰：「奏摺拜登，本朝自古定制，沿途所過關津驛站，
> 各定時刻，皆有專官，處分甚嚴。安敢違制？以進呈請

旨重件，輕付外國，罹譴責。且汝舟近日又安能至天津
乎？爾居粵地，一切當遵天朝法度，勿率性生事可也。」
文翰語塞。即送出，仍下小舟，騎浪還虎門。

虎門談判的情形就是這樣無結果而散，般咸亦只好乘軍艦返
回香港。香港的英商聽到還沒有定出入城日期，自然大為失望。
其實在國與國之間，只要貿易仍在進行，而商人入城與不入城，
那是小問題，何況當時英國已佔有香港，又在上海有了基地，因
此這問題是不重要的。

儘管般咸本人亦知入廣州城是小事，不過，他卻受到在港英
商和在華英商的壓力，不能不幹這件小事。前任港督戴維斯正是
因為處理這件小事而得罪了滿朝文武。他不想蹈這覆轍。因此他
返港之後，立即派當時的陸軍司令乍畏到廣州去，繼續用「炮艦
外交」來威嚇徐廣縉。

這個乍畏將軍，就是蘇杭街昔日以其名字命名的那一位乍畏。
他在中國文書上另有一個名字，稱為「贊臣」。《夷氛聞記》云：

夷酋自意來有成約、耆英方在朝，當陳明在粵訂約
緣由，計無不得請。即未遽允，亦必請督撫酌量現在情
事，以定可否。我請已堅，微露強人之意，大皇帝縱不
欲逆民志、官又何詞可以卻我？故自陳請後不復喋喋，
但自為數日計程，盼摺回如望歲。稍愈往返期程三二日，
即令副兵目曰贊臣者，輕舟入夷館，探聽消息。

當時香港的政制，仍有副總督之設，副總督多由陸軍司令兼任，故稱「副兵目」，贊臣即乍畏將軍，他當時是陸軍司令兼副總督。

乍畏將軍到了廣州，聽候徐廣縉的消息。首先，他打聽徐廣縉到底有沒有向道光皇帝奏明這件事。當時的十三行買辦以及商人，都是供給情報的人，英商的消息是十分靈通的。何況當時廣州有一位專拍外國人馬屁的柏貴，這位柏貴，就是在第二次鴉片戰爭時出任傀儡政府的人。此人當時在廣州任督糧道，當般咸和徐廣縉在虎門會談時，他也同行。有一本名叫《英吉利廣東入城始末》的書，著者名「七弦河上釣叟」記虎門會談的情形，可補《夷氛聞記》不足，該書提到柏貴參與其事：

> 廣縉單騎往，從行者督糧道柏貴，中軍副將崑壽。既至，登夷舟，英酋邀入艙，柏貴、崑壽坐艙下。廣縉見英酋為指陳利害，英酋敦迫再三，廣縉執不可，聲色愈厲。二人聞而起視，夷奴阻之，崑壽盛氣相向，遂卻走。

這是柏貴初次和洋人打交道的情形，他顯得很軟弱，不及崑壽的理直氣壯。他後來當了英法聯軍在廣州成立的傀儡政權的「首長」，並非偶然。

乍畏將軍在廣州收集這些人的情報，知道徐廣縉確實向道光皇帝呈上了奏摺，並且還知道奏摺的內容。當時徐廣縉的奏章有一段寫道：

蘇杭街因遍佈絲綢匹頭店舖而得名，其英文名稱「乍畏街」
過去曾經是正式街名，下圖可見該處一些店舖、商會還照用
「乍畏街」的名稱。

　　該酋既鋌而走險，借進城以圖利，拒之過峻，難免激成事端。若止在廣東滋擾，尤可竭力捍禦。倘鬼舟江浙，則柔脆之民，勢難堪其蹂躪，且茫茫巨浸，到處可通，恐沿海均難免風鶴之驚。

　　他的奏摺最後表示：「臣實已智盡能竭。」請求皇帝「指授機宜」。乓畏將軍對徐廣縉這樣的奏摺，覺得頗為滿意，深覺徐廣縉弄清當前的形勢。事實上英國的炮艦，可以滋擾沿海各地。

　　當時般咸的政策是：派乓畏將軍長期駐在廣州，以炮艦泊於珠江，做成軍事優勢；一面他在香港，以全權大使的身分，和徐廣縉作文書往來，這樣就可以把來自英商的壓力消除。

　　乓畏將軍不久就得到徐廣縉的答覆，徐廣縉把道光皇帝的聖諭讀給他聽，乓畏將軍聽了大為不悅，因為其內容非常空洞。如下面這一段聖諭說：「民心即天心，在彼重洋來斯，更不宜與民頡頏。念萬里貿易，官吏當隨時為其保護貨物。」又怎能令乓畏將軍滿意？

　　乓畏將軍把這情形向般咸報告。香港方面的英商，原以為皇帝下旨訂定入城日期，但如今得到的回覆卻是空洞的言詞。於是，便叫囂要攻打廣州城。那些在南洋及印度經商的商人，滿腦子是殖民主義思想，認為只有用武力，才能解決入城問題。又向般咸施加壓力。

　　般咸為了緩和這種壓力，於是派更多的炮艦到廣州去，表示真的要攻打廣州。他訓令乓畏將軍，叫他口頭上對徐廣縉說：「不要敬酒不飲飲罰酒。」但這一來，卻激起廣州人民的憤怒。

　　廣州人民看見英國炮艦越來越多，對方確有攻城的企圖，於

是立即組織起來。當時，發起組織的是知識分子。廣州那時有三
間書院，一名粵秀書院，一名羊城書院，一名越萊書院。號召組
織起來的學生和教師，便是來自這三間書院。

《夷氛聞記》的作者梁廷枏當時也聯同廣州紳商去見乍畏，
他在《夷氛聞記》裡記述當時的情形説：

> 會紳士恐夷酋尚未深悉利害，頓成糾結，集繕公函，
> 語以民間設勇事，使通事齎書至領事所，令轉致文酋。
> 適副目入探，時方集舊洋樓，領事正寓其鄰，慮書詞彼
> 不克暢明曲折，即令傳語領事，將親至曉之，令勿先避。
> 領事迎入，招副夷目圍案而坐，遂悉舉今昔情事之不同
> 者正告焉。副目領事並唯唯。

至於彼此見面時的細節，書中有如下的描寫：

> 時同登者七八輩，領事接入，有握手為禮者，予但
> 遙揖之，辭亦一拱而行。初至，各尚齒，圍圓桌而坐，
> 領事偕副兵目及一幕友，三人雜坐其中。出茶敬客，次
> 葡萄酒，次則捲葉於紙不筒而吸者，彼稱孖姑煙是也。
> 稍久，則或起而閱所陳器。三人唯副兵目不諳中國官話，
> 餘二人皆能北腔，頗熟。幕客者，略通華文而不甚了了。
> 出紳士所致函，招伍觀察欄邊質問其所未達者，函中有
> 「不可激成」一語，誤以為攻擊之擊，疑云以兵攻彼。
> 伍徐舉以水激石義語之，頓悟。

　　當時的會面就是這樣輕鬆。但這些民間活動，還未令英商放棄入城之議，因為他們並未受到甚麼威脅，也沒有甚麼損失，仍然叫囂著要打進廣州城。可是不久，做棉花生意和布匹生意的英商就吃到苦頭。

般咸緩和仇英局勢

　　原來當時廣州的匹頭行和棉花行，停止到洋行買貨，令到英商大受打擊。當時怎樣會引起商人也參加這次拒英人入城運動呢？《夷氛聞記》和《英吉利廣東入城始末》兩書都有記載，其中《夷氛聞記》較為詳細，錄之可供參考：

> 自入城議起，兩行自行聯約，停止入夷館買貨，數月以來，夷貨滯銷。以責孖氈，孖氈者，民夷交易，通夷言之經紀，兩行招之於店，使入議貨值者也。當時孖氈語夷商，謂入城與否，官主之、非貿易家所宜干與，唯慮城內外出勇，旬日至十萬，勢必釀成事故，則貨不能轉售，貲本將無所歸，非停買相挾制也。匹頭行之胡光鉅、林槐材，棉花行之梁維翰、朱正祥，亦集丁勇以出，同受獎。

　　當時買賣洋貨的商人，就是怕一旦發生戰爭，買了大批洋貨放在貨倉，將會遭受炮火之災，所以不敢買貨。英商在這種形勢

下，未見其利，先見其害，開始嘗到苦果。

　　般咸在來港之初，已知道上任港督戴維斯所受到的壓力，他不像戴維斯那樣，他的手腕圓滑得多，他一面派炮艦到廣州，派乍畏將軍到廣州，向力主入城的英商表示他是強烈支持他們的，但另一面又對英商表示，打仗是國家大事，必須由倫敦決定是否要使用武力入城，因此英商便覺得他是和他們站在同一陣線上了。般咸用這種手腕緩和了英商的情緒後，便向倫敦報告廣州當前的形勢。當時英國外相巴麥尊覆信給般咸，說形勢既然不宜使用武力，入城之議大可以遲一些再談，當前應該恢復以前的貿易，冷卻廣州仇英的情緒。

　　般咸接到倫敦的訓示，對英商就有所交代。事實上英商亦已經不敢再企圖入城，他們所受的損失太大，幾個月來運港轉口到廣州的貨物，堆積如山，他們也急於將貨物推銷出去。故此當般咸將倫敦的意見反映出來之後，英商就把般咸的宣佈譯成中文，遍貼十三行各處，用以安定人心，希望匹頭行和棉花行立即恢復交易，把積壓在香港的貨物疏導出去。

　　般咸是正式宣佈罷議入城問題的全權大使，與戴維斯用口頭宣佈罷議入城有別。但是他卻被當時的英商稱為賢明的總督，而戴維斯則被稱為不受歡迎的總督，可見般咸既擅於外交，又善於處理內部的人事關係。

　　由於般咸不堅持入城，於是帶挈了徐廣縉、葉名琛等人升官。當時葉名琛已是廣東巡撫。他後來繼徐廣縉任兩廣總督，就是靠這一次功勳。當時做成對抗形勢，是由人民群眾發動的，但葉名琛和徐廣縉等就把這種形勢說是由他們策劃而成，竊取了人民的功勞。在這一役中，徐廣縉獲封子爵，並准世襲，葉名琛封男爵。

《籌辦夷務始末》卷七十九，載有道光皇帝因般咸宣佈罷議入城而嘉獎徐廣縉、葉名琛等人的「聖諭」，其中一節云：

> 夷務之興，將十年矣。沿海擾累，糜餉勞師。近年雖略臻靜謐，而馭之之法，剛柔不得其平，流弊以漸而出。朕深恐沿海居民有蹂躪之虞，故一切隱忍待之；蓋小屈必有大伸，理固然也。昨因英夷復申粵東入城之請，督臣徐廣縉等連次奏報，辦理悉合機宜，本日又驛馳奏，該處商民深明大義，捐資禦侮，紳士實力匡勷，入城之議已寢。該夷照舊通商。中外綏靖，不折一兵，不發一矢，該督撫民撫夷，處處皆扶根源，令該夷馴服，無絲毫勉強，可以歷久相安。朕嘉悅之忱，難以盡述。允宜懋賞以獎殊勳。徐廣縉著加恩賞給子爵，准其世襲，並賞戴雙眼花翎；葉名琛著加恩賞給男爵，准其世襲，並賞戴花翎；以昭優眷。所有粵省文武各員，著徐廣縉等擇其尤為出力者，酌量分別保舉，候朕施恩。

從這張聖諭的內容，可以想像到道光皇帝當時是喜出望外。可惜的是他不知道這是群眾的力量，卻把功勞歸於徐廣縉和葉名琛撫民撫夷得法，只會嘉獎文武官員。

般咸在香港任職期間，對香港有些甚麼貢獻呢？他最大的貢獻，是在土地政策方面。

「九九九年期」的典故

我們現在看到一些建築公司的出售樓宇廣告上有「九九九年期」的字眼，這「九九九年期」的土地，就是佐治·般咸親自制定的。目前擁有這些九九九年期土地的人，應該感謝般咸。

街坊是由街道所形成，街道是由市民使用土地建屋而形成的，故此談談香港初期的土地政策，也有助於研究街坊的歷史。香港的土地，實際上是屬於政府所有，政府將土地出售，並不是將土地永遠賣給承買土地的人。政府所賣出的，實際上是這幅土地的「管業期」。

每次政府在拍賣土地的時候，除了將土地面積列明，以及列明該土地只能用作何種用途，及投得該土地者必須在指定的期限內，建築不少於若干款項的建築物，此外，就要說明這幅土地的年期是若干年。所謂「年期」，就是管業的期限，例如七十五年、五十年、三十年，就是給予投得土地的人管理這幅土地七十五年、五十年、三十年。至於九九九年期的土地拍賣，已成歷史陳跡，自戰後迄今並無九百九十九年期的土地拍賣。

原來香港開埠初期政府拍賣土地之際，並未明確地寫上年期的，因為香港第一批土地拍賣，當時是由義律主持，拍賣地點在澳門。在拍賣土地之初，義律聲明根據英國法律，土地是國家所有，拍賣的土地，仍照英國法律辦理。

因為當時的洋行大部分都設在澳門，香港雖然由義律之手取得統治權，但仍屬樸素的漁村，要把香港闢成商港，不能不借助洋行的力量，是以第一次拍賣香港土地，要在澳門拍賣。那是 1841

年 6 月 7 日的事。

在澳門拍賣土地時投得土地的大部分是英商，其中最大的買家是渣甸洋行。據記錄，當年拍賣土地共一百號地段，其中最高價是第一號地段，佔地六千七百平方呎，以八十金鎊投得。十一號地段佔地一萬一千二百平方呎，僅以五十二鎊投得。

後來砵甸乍（Henry Pottinger, 1843–1844）任第一任港督，他發現很多外國商人向原本住在港島的華人購買土地建屋，對於政府拍賣的官地多存觀望，研究起來，實際原因是政府未有確定管業年期之故。各國商人覺得與其出高價向政府購得不知年期的土地，倒不如以賤價向鄉人購買土地建屋。故此砵甸乍成立一個土地委員會，一方面清理那些向華人買地建屋的業主，著令登記及補地價，另一方面，他於 1844 年宣佈本港土地管業年期一律為七十五年，並且大量拍賣土地，以利建設。

第一批投得土地的以英商為多數，從華人手中以賤價購地建屋的亦多屬英商，他們認為管業權僅七十五年實在太短，紛紛提出抗議。在 1847 年戴維斯任內曾力爭，但遭到戴維斯拒絕。到了佐治‧般咸任內，佐治‧般咸既在廣州入城問題上退卻，他為了滿足英商的要求，答應為他們爭取較長的管業年期，英商不滿意砵甸乍所訂的七十五年期，但誰也想不到般咸會將年期延長到九百九十九年這麼長的。

原來般咸找到法律根據，才敢向英倫提出「九九九年期」管業權之議。如果沒有法律依據，他也沒有辦法為英商爭取這麼長久的管業期的。他的法律根據，是從新加坡那邊找來。

新加坡當時也是英國的殖民地，故此，這裡自然也是行使英

國法律的，在法理上，新加坡可行的事，香港也可以實行。原來當時新加坡總督為了鼓勵當地華僑投資於土地建設，加上他又知道中國人對土地使用的傳統習慣向來作為世代使用，故此特宣佈在新加坡買地建屋，可享九百九十九年期，用以吸引華僑買地。

新加坡既有上述先例，般咸就以此為法律根據向英倫提出，主張香港土地政策亦應與新加坡看齊，把管業期定為九百九十九年。

倫敦方面初時仍在觀望，主要原因是香港不同於新加坡，新加坡可使用的地皮廣闊，香港只是一座大山，土地靠開山而獲得。如果管業期是九九九年的話，只怕十年之後，土地賣盡，就無地可賣了，是以英倫遲遲未有答覆。不過，般咸再向英倫提出另一個最有力的理由。

般咸最有力的理由，是指出香港的建設必須依靠華人合作，如果沒有華人投資，這個商港便不容易建成。而華人對投資買地建屋，向來視為置業，傳統習慣是置業為後世子孫享用。既然七十五年之期太短，華人不感興趣，倘延長為九百九十九年，即有近千年之期，那麼華人皆樂於投資了。華人若爭購官地，樓房建設的速度加快，商港就很快繁榮起來，政府亦可以大加建設了。

原來香港開埠初期的建設經費，是由鴉片戰爭賠款中抽撥出來。這筆賠款到戴維斯任內已經付清，而且亦在任內撥作建設香港經費，到了般咸任內，可供建設用的款項已無多了。香港的公共建設，要靠香港本土籌款來進行。當時開埠不過幾年，稅收有限，籌劃建設經費最佳的方法是賣地。故般咸力爭九九九年管業期。

賣地是建設香港的經費來源的重要部分，在財政預算中，賣

地所得的款項，列入非經常性收入項目之內，但公共建設，亦列入非經常性支出項下，兩者的性質相同。香港早期的公共建設，視賣地所得多寡而增減，這政策是由般咸所擬定的。原來賣出一幅官地，所得的地價雖是非經常性收入，但是土地一經建屋，每年的地稅、物業稅和差餉等收入，就成了經常性的收入。故賣地越多，地價越高，政府的經常性及非經常性收入就越多，並可供建設之用。

倫敦終於同意般咸的意見，批准了香港官地管業期為九百九十九年。於是般咸就在憲報上公佈這件事，並且廣貼佈告。這是 1849 年 3 月 3 日的事。

這一來，最受益者就是初期買地的英商，他們對般咸歌功頌德，說他為民請命，是個照顧香港人的好總督。這些英商購入的土地，本來只得七十五年期限，如今突然延長十倍有多，那得不歡喜？

般咸的九百九十九年管業期的土地政策，真是立竿見影，馬上見效。當宣佈「九九九年期」之後，拍賣官地非常踴躍，地價亦隨即節節上升。這不但吸引著本地很多華人買地，即使國內一些官僚，上海方面一些華商，都來香港買地。因為擁有九九九年期的土地，等於世代都是屬於自己的了。有誰能看到九百年後的將來？只要置業能傳子蔭孫，就大可放心投資。故自 1849 年後，香港的房屋建設步伐非常快，中上環一帶樓宇如林。

廢除拍賣稅　改徵牌照費

　　般咸對香港的貢獻，除了土地政策之外，對於若干稅制也有些貢獻，其中最特出的，是對拍賣行業稅制的改變。原來拍賣行這種行業，是正宗的西洋行業，是隨著洋人來到中國而來的。故香港開埠之初，就有拍賣行之設，當時港府對於拍賣物品，是採用徵稅方法抽稅，抽稅的稅率是百分之二點五。

　　後來，拍賣行請願要求豁免拍賣稅，般咸正在為香港的建設費用大動腦筋，稅收是維持政費的一大來源，又怎可以豁免？他只好改用另一種抽稅方法，名義上是豁免拍賣行的從價稅，但是，要拍賣行領取牌照。牌照費就是另一種稅制。

　　關於般咸修正拍賣行稅制的記載，《香港法制史實》載云：

　　　　查自頒佈一八四四年第二十一號條例，及明年（1845）第五號條例，修正原有拍賣地產應在所得價徵稅二元半之規定後，至一八四九年，拍賣人以政府徵稅苛重，曾聯稟當道請求豁免。總督佐治·般咸未敢專擅，乃轉呈理藩院。理藩院大臣基里諭令總督般咸相機辦理。當於是年三月一日廢除拍賣徵稅之規定，改為領取執照營業，每年牌照費一百五十鎊，分四季繳納。

　　般咸於 1849 年 3 月 1 日取消拍賣從價稅，3 月 3 日宣佈土地管業期為九九九年，這就帶動了土地的拍賣，兩者之間互得其利。那些早期買了地的英商，把土地交拍賣行拍賣，拍賣土地不徵稅，

自然引來很多買家，於是各方面都得益。

　　據說當時理藩院大臣基里，是般咸的老友，故對般咸有求必應。查基里全名為 Earl Gray，理藩院即殖民地部，當時基里是負責處理香港事務的負責人。他常常授權般咸相機行事。

「太平紳士」的緣起

　　般咸對香港另一貢獻是確定「太平紳士」的權力與地位，這也是將戴維斯所訂立的法制加以改革之一。他雖然不是「太平紳士」的始創者，但「太平紳士」的一切榮譽由他訂定。

　　相信很多香港人至今仍然不知道「太平紳士」到底是何種人物。這個名稱是別處地方所無的，可以說是香港的特有產物。其實，這是早期香港官方的華文師爺的創作。

　　為了便於說明，先將「太平紳士」的意義介紹。原來「太平紳士」的意義是非官守治安委員。在清朝時代，有官職的稱官，無官職而又有社會名望的稱「紳士」。治安委員是維持治安的成員，維持治安的目的是為了達到太平無事。故此當時的師爺就將非官守治安委員譯成「太平紳士」。

　　這樣的譯筆驟看似不倫不類，在「紳士」之上冠以「太平」二字，彷彿有「太平宰相」的味道，使人誤會這位紳士只會坐享太平。但它總比「非官守治安委員」的直譯法為簡潔，而且使人一望而知他們並非官員而是紳衿，但他們對本港又有維持太平的責任。故對於這一譯筆不宜厚非。

考治安委員制度，是英國本土的制度，英國各市鎮都有治安委員會之設，治安委員是由當地官員和當地有聲望的商人及父老擔任。在十九世紀，這些非官守治安委員是由當地政府所圈定的。

查香港產生治安委員會的日期，是 1843 年 6 月 27 日。當時是第一任港督砵甸乍任內，因為當年 4 月 5 日砵甸乍接到英國的授命狀，正式授權他治理香港，並訓令他照英國的治安委員制度，組織治安委員會，維持香港治安。他於 6 月 27 日，就宣佈了第一批治安委員名單，當時治安委員共四十三人。大部分都是在職官員和軍官，只有少部分是英國商人。

治安委員的權力初時極為膨脹，治安委員有受理簡易民事訴訟之權，又有會同裁判司研訊刑事訴訟之權。原來砵甸乍時代，香港的法治制度還未完備，高等法院又未成立，更沒有那麼多法官，於是治安委員就有審案的權力。那時的非官守治安委員，仍未叫「太平紳士」，因為他們已儼然具有審判官的資格。

到了戴維斯帶同曉吾和羅拔奇兩位法律專家來港上任時，曉吾奉命組織高等法院，羅拔奇任高等法院登記官，香港的法制初具規模。曉吾覺得治安委員兼具審判官的資格，實在違背了司法獨立的原則，因此只准治安委員列席研訊，取消了治安委員審判的權力。那些非官守治安委員表示不滿，他們認為這樣的治安委員，比陪審員還不如，陪審員還有裁定被告有罪或無罪之權，他們連這種權力也沒有，等於是一件陪襯品，向戴維斯要求恢復判案權力，但遭反對。

到般咸任港督時，非官守治安委員又要求恢復判案的權力，般咸因此制定了非官守治安委員的整套制度。當時的經過情形，

《香港法制史實》有如下的記載：

> 當一八四九年第一號修訂簡易民事訴訟程序條例頒
> 佈之後，是年五月十六日總督般咸重新發表任命治安委
> 員名單，共計廿五名。其官守者為正、副裁判司、海軍
> 裁判司、總登記官，警察司，輔政司、庫務司，及商務
> 總監秘書官等。此外十七名無官守治安委員。無官守治
> 安委員嘗因職權問題，上書總督，請為明令公佈之。蓋
> 其時裁判司審判案牘，無官守治安委員得出席會審，但
> 無判決權，只為備數之員而已，比諸陪審員之有審斷權
> 猶有未逮。當任總督佐治・般咸覆示：謂治安委員具有
> 監察地方行政及司法職責，暨建議政府興利除弊，維持
> 治安。唯英國司法獨立，治安委員雖可出庭會審，但無
> 干涉司法審判之權等情。迨後本港頒行法律，對治安委
> 員職權亦既有詳明之規定。

至於對治安委員的職權有甚麼規定呢？除了負責監察政府行
政及司法之外，治安委員享有各種特權，其中之一就是不受軍火
條例之限制，即可以佩帶手槍以維持治安之用；又可以處置非法
集會及不合法會社。對於集合的群眾，有喝令散去以及下令拘捕
之權。

般咸確定了「太平紳士」的地位，對香港的政治制度有深遠
的影響力。自此之後，官守治安委員的當然成員，都是根據般咸
所訂的原則任命。至於非官守治安委員的太平紳士，以後就成為

一種榮譽，漸漸委出很多華人擔任治安委員。他們以「太平紳士」
的資格，在很多次歷史性動亂局面中，都曾盡過一些維持太平的
義務。

　　從上述這些史實可以見到，般咸任內是全力發展香港建設，
以及修正很多由戴維斯草創的法律制度。他算是一位實踐家而非
空談家。他宣佈不談廣州入城問題，表示他有魄力搞好中英關係，
改善華人對英國的感情，吸引華人來港投資建設香港。因此後世
研究香港歷史的學者，對他都給予極高的評價。

　　當半山區擴展一條道路通往西營盤地區時，就把這條道路名
為般咸道。這條路本來是堅道的延長部分，大可稱之為「堅道西」
的，但因為堅道的命名者威廉‧堅後來的聲名太不好了，故此另
取一名命此新路。關於堅道的一切，當在另一章中討論。

　　般咸道初名般含道，後來改成般咸，與文咸街的「咸」字相
同。般咸的中文名字稱文翰，翰字實在頗為文雅，可惜初期香港
的師爺，未注意到中國方面為般咸所作的譯名，不然的話，在文
咸街開闢成街道時，當會譯成文翰街。

文咸街與「南北行」

　　至於文咸街的興建，約在 1857 年填海闢地之後才建成的。香
港第一次填海，雖無歷史文件參證始於何時，但很多人相信是始
自般咸任內。當時般咸既爭取到九九九年管業權，就開始一邊開
山一邊填海得地的計劃。他在任內曾開闢了皇后大道，將泥填到

文咸東街因建有南北行公所,故又稱為「南北行街」。

文咸東街的三角地帶是過去「十王殿」的舊址。

十王殿，約 1920 年代。（由張順光先生提供）

十王殿，約 1910 年代。（由張順光先生提供）

海去，水深的地方填成陸地較遲，水淺的地方填成陸地較早。文咸街、永樂街、乍畏街一帶都是水淺的海灘，故此填成陸地較早。到了 1860 年左右，文咸街一帶已經成為陸地，並開始建屋。

故此當該處海灘填成陸地時，與皇后大道中連接的一條街道，就以般咸的名字命名，由於該處實際上未十分完整地成為一條街道，因此文咸街的英文字稱「海灘」（Strand）而不稱街，直到完成全部填海工程，這名號並未更改。

在 1860 年時，香港已成為一個良好的轉口港了，它成為南洋各地將貨物運到中國內地去的中心站，又成為中國把貨物運往南洋及外國去的中心點。中國南方的貨物，亦因香港經常有商船運貨往北方，故集中到香港來轉口，中國北方的貨物也利用香港轉運往中國南部。於是香港就出現溝通南北貨物的行莊，這些行莊就叫做「南北行」。由於文咸街一帶是新填地，該處接近碼頭，方便起落貨，南北行就設在該處。

到了 1868 年，南北行莊越開越多，形成一個龐大的行業。同業之間，常有業務上的糾紛，客商之間，亦時有貿易上的轇轕，因此同業們就發起建立一間會館，仿照廣州十三行的制度，成立南北行公所。

據史料所載，當時南北行的業務，主要是溝通南北貨物的交流，於是分成幾個集團。廣州幫是廣州人所設的行莊，當時代表性的商號有裕和隆行、公發源行、祐興隆行、廣茂泰行等。代表潮州和福建人開設的商行，稱潮福幫，計有聚德隆行、厚德行、源發行、元成發行、金裕隆行、乾泰隆行、榮豐隆行等。代表山東籍商號的稱山東幫，代表性商號義泰行、利源長行等。他們都

大力支持南北行公所建立。

　　南北行公所在全行支持下建成，會所就在文咸東街與文咸西街交界的地方。會所建於同治八年，即 1869 年。公所門前的一對門聯寫著：「利藪南州萃，恩波北闕深。」公所門頂上有石刻橫額，上刻「南北行公所」五個大字，並有「同治八年建」的字樣。

　　南北行公所在 1955 年重建，已是一所現代化的建築物。由於街上建有南北行公所，因此港人稱文咸西街為南北行街，表示這條街道裡面的商號，買賣的是南北方的貨物。經過百多年之後，南北行街現已建成不少大廈。[2]

　編者註：南北行公所在 1997 年再次拆卸重建，與相鄰四幢樓宇重建成一座高樓大廈，公社擁有其中四層，五樓作為會址。

又名「紅毛嬌街」的吉士笠街

「紅毛嬌」雲集巷口

中環大道中一百二十號側邊的「吉士笠街」路牌從前寫上的是「吉士立街」，但英文名字沒有更改，仍用 Gutzlaff Street。「吉士笠」和「吉士立」都是譯音，是源於一個人名的音譯，此人是香港開埠初期的高官，擔任相當於民政司[3]職位的「撫華道」。他是個精通中文的外國人，曾替自己改了兩個中文名字，早期用的是「甲利」，後期用的是「郭士立」。不知怎麼會被香港的師爺譯為吉士笠和吉士立，而不用他自己的中文名字命名這條街道。

查吉士笠街是香港幾條最古老的街道之一，早於 1848 年已經存在，只因它其實是一條小巷，夾在皇后大道中、士丹利街、威靈頓街等屋宇旁邊，初期還沒有命名，但卻有一個通俗的街名——「紅毛嬌街」。至於為甚麼用這個古怪的名字稱呼這條街道？說來也很有趣。

原來早期香港已有很多官員帶了家眷來港居住，也有很多西洋歌女和妓女來港混飯吃，這些西洋女子，人們通稱之為「紅毛嬌」，她們常常在大道中這條小巷口出現，有時坐在路邊達一小時以上。總之，該處是歐西女子出現最多的地方，因此人們就叫它做「紅毛嬌街」。至於她們為甚麼會在該處坐立？原因是巷口兩旁都是補鞋

3　編者註：民政司是港英政府負責民事行政事務的民政司署機關首長，1997 年香港回歸中國後改稱民政事務局局長。

檔和訂做皮鞋的攤檔。

　　早在十七世紀時，已有很多歐西女子到澳門定居，她們所穿的西式皮鞋，從歐洲帶到澳門去的日久就會爛，需要買新的或需要修補，在澳門的中國鞋匠，長久以來接觸這些西式皮鞋，明白其結構和製造方法，故能修補又能製造。到十八世紀，澳門的歐洲人都愛穿中國人製造的西式皮鞋了，因此也形成了一種新興的皮鞋行業。

　　香港開埠之初，澳門的鞋匠也到香港來謀生，他們就集中在現時吉士笠街近大道中的一段路旁設檔。女子對鞋子一向比男人重視，她們常來補鞋或畫樣訂做新鞋，是以常雲集於巷口。巷口經常有這許多「紅毛嬌」，因此就把這小巷稱為「紅毛嬌街」。

　　這稱呼一直流傳到戰前，雖然在 1860 年以後，該處已正式以郭士立的名字命名為吉士笠街，但人們仍是叫它作紅毛嬌街的。戰前的香港報紙港聞版上的新聞，仍直接稱該處為「紅毛嬌街」的。到了戰後，此俗名才逐漸變得陌生起來。

早期吉士笠街的鞋匠和「補衫婆」。

從擺花街望向吉士笠街的景象。

　　說到香港街道命名的原則，初期多以港督和輔政司的名字命名。到了戰後，除了夏慤道之外，已不再用港督的名字命名街道了。以民政司相等職位的「撫華道」的名字命名街道是不多的。也正因如此，亦足見這位原名「甲利」或「郭士立」的先生的地位，是如何被重視了。

郭士立是一名「中國通」

　　郭士立原是德國人，本是一位傳教士，他是和馬禮遜同時從歐洲到澳門，並在東印度公司內任職的。他與馬禮遜都是先在馬六甲學習過中國語言和文字的人，是當時能讀中文書籍，和能寫中文的少數西人之一。他約於 1830 年到達澳門。

　　這是鴉片戰爭以前的事。1832 年初，他和馬禮遜合寫了三本中文書，在澳門印刷，書名是《日課初學》、《張遠西友相論》、《英吉利國人品國事略說》。《日課初學》是傳教的宣傳品；《張遠西友相論》是說和西人交友的好處，是一本勸華人不可歧視西人的書。三本書之中，最受注意的是《英吉利國人品國事略說》，當時很多清廷大臣的奏章中，都提到郭士立這本書，但簡稱為《人事略說》。如當時署理閩浙總督魏元烺在奏章中云：

　　　　臣查夷性本屬狡詐，察其言詞，反覆無常。查閱夷書《日課初學》三本，《張遠西友相論》一本，皆係西洋不經之談，其紙片字畫，似係內地式樣。又《人事略說》

一本，詞句款文，殊屬悖謬。

所謂《人事略說》，就是《英吉利國人品國事略說》的簡稱，這本書是宣傳當時英國的國力強大，指出英國殖民地之多，以及用「有仇必報」等恫嚇字眼，叫中國人不可仇視他們，又說他們來通商是正當合法的貿易，但書中絕口不提這些貨物當中大部分是鴉片。

郭士立寫了這三本中文書後，於 1832 年 1 月 12 日，即道光十一年十二月初十日，奉東印度公司大班之命，把印好的三本書帶上胡夏米的船上，到中國北方去，一面測量沿海的水域和島嶼形勢，一面向沿海各港口刺探是否可以直接與當地商人貿易。訓令中規定不可帶鴉片煙，只許帶英國的貨品及南洋的貨品，主要還是將這三本書散發到北方各地去。

胡夏米任船長的船名「羅爾亞美士德」號，郭士立當時就用「甲利」之名任胡夏米的中文秘書，沿途經廈門、福州、寧波等地，沿途一面測量水位，繪畫地圖，一面收買漢奸。

許地山在英國圖書館內，抄錄了一批鴉片戰爭前的文書，輯成《達衷集》，集中收有這次北上時兩位自稱曾因遇風被救起的中國人送給郭士立的信。是當時郭士立和胡夏米來到福州附近收到的，其中一信云：

特字通知汝船中船主駕：記（既）入五虎。不可入閩安鎮口，現鑼身塔（羅星塔）地方有官兵千餘人，四面伏兵，滅汝大駕大船。汝全船不能保全。……不可入

閩安，恐九死無生，悔之晚矣。我祖宗洋船犯風，打汝
貴國，帶汝貴國補坐（助）送回。我恩情未報汝大恩，
特送上上好武彝茶一匣，有銀無處買。

這封信後來有人認為是郭士立偽造的漢奸文書。

原來這封漢奸文書中有很多可疑之點，如「祖宗洋船犯風，
打汝貴國」之句就是破綻。考福建人與南洋各國貿易，遠自宋朝
已開始，英人將南洋各小國淪為殖民地，是當時近年之事，那漢
奸文書中說他的祖宗的洋船犯風，被吹到「貴國」去，當時福建
人還有很多不知南洋已是英國屬地，這「貴國」二字，顯是破綻，
只有英國殖民主義者，才會將南洋群島稱為英國的土地的。所以
這可認定是郭士立偽造的文書。

不過，郭士立確曾收買過漢奸。《達衷集》是許地山從牛津
大學圖書館將其中有關鴉片戰爭前的中文文書抄錄輯成的，集中
有兩封中文信，許先生都在信前加上標題，都稱致書者為漢奸。
上一封名為〈漢奸警告英船主書〉。另一封為〈漢奸致英船主書〉，
文書云：

近聞寶船至我界口，各處關口防守甚嚴。我有一言
相告，未知聽否？若聽我言，包許進口賣貨。我代你做
了一紙叩稟之字相送，汝須著人用小舟進省，到福省大
將軍麾下投遞，萬無不准。福省官員，唯將軍最喜英國
之船進關，賣貨稅例，乃是將軍收管。你船到了福省，
代你作個通事，未知用否？

　　將這封信和上一封比較，真偽立判，上一信很多是記音字，如「既」寫成「記」，「助」寫成「坐」，此信則完全沒有半個錯字。

　　有人認為，前一信是郭士立從一個漢奸口中探得消息，及這漢奸送了一匣武彝茶給他，他就照這漢奸所說，用中文寫下來，交給胡夏米，然後又譯成英文給胡夏米看的，後一信，才是漢奸的原件文書。不過，這兩封信都可以證實，郭士立當時是位收買漢奸的能手。

　　後來郭士立就照這漢奸的方法，和「福省大將軍」聯絡，在福州做了一萬兩銀生意。

　　所謂「福省大將軍」其實是福建省的巡撫，當時魏元烺任閩省布政使升巡撫不久，又兼署理閩浙總督，權力頗大。他是一名大貪官，郭士立送了一個大禮給他，因此就准許他們在福州買賣貨物。這是五口通商之前，英船在福州第一次做生意，郭士立乘機在福州散發他和馬禮遜所著的三本中文書籍，故後來魏元烺在奏章中，提到這三本「夷書」的內容。

　　後來郭士立，又和胡夏米到寧波去。他們先到舟山，沿途賄賂官員，收買漢奸。這次活動，也得到效果，他們在寧波住了十幾天，買賣了很多貨物，本來仍想賴著不走的，但因當時福建的魏元烺已向北京的道光皇帝報告，說有夷船來過福州，已被他驅逐出去，但這夷船有北上的企圖。這是魏元烺的自保之計。原來，清朝的貪官向來都是用此手法，當夷船來時，他不奏上北京，夷船走後，就說把它驅走。

林則徐初次接觸的西方人

　　寧波方面的官員知道魏元烺已奏到北京，因此需要在皇帝未有詔書到來之前，叫郭士立和胡夏米先走。郭士立與胡夏米尚知這些貪官的心理，因此亦立即將船駛向上海。

　　當他們離開寧波時，寧波的貪官，又向北京報告，說夷船曾到過寧波，他們也說已把夷船驅走了，說得十分堂皇，把貪污的事實完全隱瞞。

　　郭士立與胡夏米以為上海也和寧波一樣，可以賄賂貪官，進行貿易，不知他們這一次，遇到了最棘手的人物，這些人物就是後來鴉片戰爭時，把英國戰艦打得落花流水的關天培，以及以封艙燒煙，使英人聞而喪膽的林則徐。

　　原來林則徐當時任江蘇巡撫，關天培是蘇松鎮總兵，這兩位都不是貪官。上海是由蘇松太道吳其泰所管轄。吳其泰早接到林則徐的命令，叫他不可和夷人勾結，而關天培亦早已指揮各路師船，嚴密監視胡夏米的洋船的行蹤。

　　郭士立後來在鴉片戰爭時擔任英軍司令的翻譯工作，以及參與很多決策會議。由於他在這次北上活動時，曾與關天培和林則徐交過手，可以說，他是鴉片戰爭中第一個和林則徐、關天培接觸的西方人。鴉片戰爭時期，英軍在廣東失敗，後來北上進攻，這種避重就輕的戰略，是出於郭士立的提議，因為他知道林則徐和關天培是難以征服之故。

　　胡夏米的船來到上海，立即被關天培的水師包圍，限令他立即將船駛出。郭士立一面詭說沿途遇風，要修理船纜，一面卻寫了

一封呈文，使人送給蘇松太道吳其泰，希望獲得主管官吏的許可，在上海進行貿易。

　　吳其泰既接到上司林則徐的訓令，他怎敢允許他們留下來，於是將他的信件擲還，並在信上批下幾行字，作為答覆。批示如下：

> 　　天朝欽命江南蘇松太兵備道，監督海關吳，批示該
> 夷船人胡夏米等知悉：據稟希望貿易，轉報上憲等情。
> 查該夷船向無在上海貿易之例，未便違例據情上轉，合
> 行駁斥，原呈擲還。即速開船，照舊例回粵貿易。毋得
> 遷延自誤。

　　面對清廉的官吏，郭士立和胡夏米無法可施，但是胡夏米必須多留幾日，因為他的測量員和繪圖員，正在窺測上海的形勢，以備後來進兵之用。他要郭士立想辦法留下來。郭士立見吳其泰的批示是無懈可擊的，因清朝只開廣州為對英貿易港口，廣州以外各地不許貿易，這是盡人皆知的事，難以反駁。但是他還是找到賴下來等候批覆的理由。他一方面說這張批示沒有蘇松太道的印信，一面又在文字上做工夫，說該批示上所用的「夷船」的「夷」字，對他們是侮辱。再將呈文交到吳其泰之手，要求他再行轉呈上憲。

　　郭士立知道清朝的官場習慣，文書往來總要花上幾天時間才能有所回覆，這幾天時間，測量員和繪圖員儘可完成很多任務。

　　過幾天，吳其泰的覆文來了，他指出中國人用「夷」字稱英國人，並非侮辱，夷字是泛指外國人而言，這篇覆文頗有趣，故引錄於後：

　　中華自上古聖人之書傳世，書內說得明白：南方謂之蠻，東方謂之夷，北方謂之狄，是南蠻北狄，東夷西戎，自古至今，總是照此稱呼。況中華舜與文王都是大聖人，孟子尚說：「舜，東夷之人也，文王，西夷之人也。」豈是壞話？是你多疑了。（見《達衷集》）

但是郭士立又回一信，信中說：

　　大英國船主謹悉知為夷稱外國的人，稱大英民人東夷。一者貴國的古人稱朝鮮為東夷，夫英吉利民人的本地，向在大清國的西方。二者，大英國的屬地方向大清國東西南北。三者，《大清會典》卷十一稱：苗、羌、蠻、貊等居在中國，與夷人同樣者。蘇東坡曰：「夷狄不可以中國之治治也。譬若禽獸然，求其大治，必主大亂。先王知其然也，是故以不治治之，以不治者，乃所以深治之也。」由此觀之，稱夷人者，為蠻貊而已矣。倘笑英國人為夷人，正是凌辱本國的體面。觸犯民人，激怒結仇。（見《達衷集》）

　　郭士立與胡夏米既以貿易而來，卻忽然在文書上圍繞著那個「夷」字兜圈子，不談貿易，顯見他們的活動本意，並非真正在於貿易，而是為將來進行侵略戰爭作準備。

　　蘇松太道吳其泰怕他們再賴著不走，終於屈服，在覆文中不再稱他們為「夷商」，而稱「英商」，這是中國官方首次以「英商」

字眼出現的文書，節錄一段，以供參考。

> 諭英國商人胡夏米等知悉：該商等以孤船來至數
> 萬里之外，經數年之久，其意不過通商交易耳。然上海
> 向不准與英國商人交易……是以明白曉示，令其及早開
> 行。……

原來林則徐當時抵達上海，他主張用武力驅逐胡夏米的船出
境。《陶文毅公全集》收有陶澍任兩江總督時的奏稿，談及此事。
奏稿一段云：

> 臣林則徐赴任過鎮會晤，商及驅逐，所見相同。（六
> 月）初八日抵江蘇，復加箚飛飭速辦。……該船有胡夏
> 米，甲利略通漢語。……該鎮報於十二日申刻押護出境。

奏稿中的「甲利」，就是郭士立當時的中文名字。照陶澍的
奏稿說胡夏米和郭士立是在六月十二日被驅逐出境的。查他們所
乘的船在五月二十二日抵達上海，足足在上海混了二十天。要不
是林則徐、關天培強硬對付，可能還要賴下去的。

胡夏米和郭士立離開上海之後，繼續北上，沿途測量水位及
測量地圖，經過渤海灣而到朝鮮。他們所經之處，後來就是鴉片
戰爭時英軍攻略的地方。其中舟山、鎮江都是第一次鴉片戰爭攻
略之地，至於第二次鴉片戰爭所開的五口通商，也正是他們到過
的地方。可見這一次活動，完全是為侵略戰爭作準備。

郭士立後來在鴉片戰爭時任砵甸乍的譯員，在簽訂《江寧條約》時，他和小馬禮遜都有出席，是以英人正式統治香港時，委他為撫華道。

他在鴉片戰爭時已自稱「郭士立」，而不用「甲利」之名，他歡喜人家呼他為「郭爺」，不知怎地他離任後竟被師爺們譯為「吉士笠」，把一條以他的名字命名的街道稱作「吉士笠街」。

郭士立約於 1849 年離開香港，回到歐洲後，以中國問題專家的姿態出現於國際舞台，周遊列國演講，他的言論曾引起馬克思和恩格斯的注意。相信他是這兩位共產主義導師唯一提到的香港的小官員，他們在一篇〈國際評論〉中寫道：「最後，再談一談有名的德國傳教士郭士立從中國帶來的一件值得注意的新奇事情。……」原文太長，不能盡錄，讀者如想知道兩位導師對郭士立的評論，可翻閱《馬克思恩格斯全集》中譯本第七卷第 264 至 265 頁，或翻閱《論殖民主義》第 5 頁。

奧卑利街是香港法制發展的見證

　　港島中區有條街道，名奧卑利街，此街位於閣麟街之上，全街介於堅道與荷李活道之間，是一條並不很長的斜路，街的東側，是中區警署。[4]這條街以「奧卑利」為名，是和香港的司法制度及刑事裁判制度極有關係。

　　查「奧卑利」是由英文 Old Bailey 譯音而成，「奧卑利」為英國最古的司法審判機關，在四百多年前已經建立起來，被象徵為英國法治的基石。十六世紀時，英國「奧卑利」為一綜合性司法機關，除設有法庭之外，又有監獄，刑場附設其中。由於「奧」為 Old 的譯音，此英文意為「老」，故有些中文書籍，亦譯之為「老貝雷」法院，「貝雷」為 Bailey 的異譯。有些中譯本的《福爾摩斯探案》，曾譯之為「老貝雷」法院，當福爾摩斯破案之後，即將犯人向此法院提出公訴。奧卑利街的命名，就是因為這條街從前是香港的執行司法制度的地方，其執行司法制度，有如英國早期的「老貝雷」法院一樣，故以之為名。

　　中國第一任駐英大使郭嵩燾，亦曾參觀過這座「奧卑利」的拘留所部分。郭嵩燾於光緒二年（1876）抵英，於 1877 年 8 月 13 日曾到此參觀，《郭嵩燾日記》光緒三年農曆七月初五日條曾記其事，他當時似是只參觀新院而不是參觀老院，他稱新院為「紐

4　編者註：指舊中區警署，建築群於 1995 年被列為法定古蹟。2005 年警隊遷出大樓，後被活化成「大館──古蹟及藝術館」，在 2018 年向公眾開放。

開脫」，稱老院為「呵羅威」。「紐開脫」當為 New 的譯音，「呵羅威」則為 Old 的譯音，至於 Bailey，他則譯之為「莽敦威拉」，「莽」字音瓶，當為 B 字的發音，「敦威拉」當為後面的幾個字母的拼音，這是郭嵩燾當年的慣譯法。

《郭嵩燾日記》第三卷頁 268，光緒三年七月初五條下記云：

> 初五日（按，公曆為 1877 年 8 月 13 日，星期一），偕蒓齋、在初及馬格里觀紐開脫監牢，蓋隸之梅爾者。創建三百餘年，制度不甚宏敞，繫囚百五十人，女囚五十人。房樓四層，其下一層有浴室。囚始至就浴。即居下一層，遣醫視之，有無惡疾，以憑異居，一宿乃轉入上房。女囚別為一院。
>
> 囚旁前有房數間，間設兩椅，初至有所辯訴，准招狀師至，相對籌商，外人不能聞也。女囚亦然。旁設柵欄二重，親友來視者立外重，獄吏處中監視之。外設禮拜堂一，飯後散步院二。

中區警署（圖左）與毗鄰的域多利監獄仿照英國「奧卑利」的形式，另成一組風格獨特的建築群。

　　　分別上下兩等人，罰重者縊之，輕者扑之，皆別為
一屋。扑有木櫥，關其手足。縊有皮圍，鍵手於腰而錮
其足。凡縊者殮而埋之一院中。問留歲錄重囚幾何？曰：
「不過一二人。」拘禁一年以上者，錄送芈敦威拉監牢，
或錮禁，或分遣各海口充工，猶中國之發遣也。梅爾所
管獄凡二，一紐開脫，一呵羅威。

　　這是中國唯一對英國新老卑利制度的描寫的文獻。從郭嵩燾
的描寫，可知這座古老的司法機關，是分拘留所和監獄兩部分，
其中提及犯人可以延聘律師辯護，在一房內研究訴訟情形，這正
是拘留所的部分。定罪之後，或判監禁，或判死刑，或判笞刑，
則屬監牢部分。文中所謂「扑」即笞刑，所謂「縊」即死刑。英
國之死刑，為吊死之刑，故用縊字形容之。在清代，中國死刑分
多種，有凌遲、斬首、縊死等分別，英國則唯獨設有絞吊死刑而已。

　　郭嵩燾當日曾在這間古老的建築物內，留下題字，他在日記
中又云：

　　　巡捕督辦斯密斯出冊求題，乃書「此繫囚處隸之梅
爾，創造已三百餘年，規制嚴謹，繫囚無多，觀其用心
曲折，一主於勸戒，而若有甚不忍者，使人油然生仁愛
之心，亦足以見留貽之遠且厚矣。」……

　　這是中國官員首次在這所古老綜合性司法機關內留言。所謂
「出冊求題」是指《嘉賓留言簿》，這本冊子，並非專為嘉賓題字

留念而設，其主要目的是請嘉賓發表意見。香港監獄亦多設有此種留言小冊子，每年當太平紳士巡視監獄時，太平紳士亦必留言，發表意見。

從郭嵩燾的日記所述，可知英國的新老卑利法院，是一極原始的司法審判機關，它裡邊既有訴訟審訊的法庭，又有拘留所，有執行「扑」刑的刑場，執行死刑的刑場，同時又有女拘留所和女監獄，和現時的體制完全不同。它綜合性的內容，正是早期香港司法機關的面貌，而這個機關，則設於奧卑利街上。

為了易於明白奧卑利街命名的原因，必須詳細談談香港法制的發展情況，否則很難了解奧卑利街何以會用英國一間最古老的法院來命名。

查香港開埠之初，法制非常混亂，最初的法律是經由義律公佈。義律於 1841 年 2 月 1 日，公佈了香港第一條法例，此法例是通告給華人周知的。而於 2 月 2 日，又公佈了第二條法例，此法例則是給西人周知的。換句話説，當初的法律，並非中西一體，中國人適用中國法律，西人用英國法律。

義律於 1841 年 2 月 1 日公佈的中文告示，即表示在香港，中國人適用中國法律，其他以中國慣用的形式出之，原文云：

> 大英國駐華全權欽使兼商務總監義律，駐遠東艦隊支隊司令伯麥示。為出示曉諭事：照得本使本大臣奉命為英國善定事宜，現與大清國欽差大臣爵閣部堂琦（琦善）成立協定，將香港全島讓給英國統治，已有文據在案。凡爾香港居民歸順英國為女皇之赤子，自應恭順守

法勉為良民，而爾等居民亦得享受英國官吏之保護，一切
禮教典儀風俗及私有合法物產權益，概准自由享用。官廳
執政治民，悉依中國法律風化習慣辦理（但廢除拷訊），
並准各鄉耆老秉承英官意旨管轄鄉民，仍候國主裁奪。凡
爾居民，當有受英人或他國人凌虐及不法待遇者，得赴就
近官署秘密稟告，定必查辦代爾申雪。凡屬華商及華人船
舶來港貿易，俱免繳納任何費用賦稅。嗣後如有關繫於爾
等華人各事宜，將隨時曉諭恪遵。各鄉耆老應切實負責約
束鄉民，服從官憲命令。特示。大英國一八四一年二月一
日，道光二十一年辛丑正月初十日（印）。

　　這是開埠初期中國人適用中國法律的證據。義律誠恐英國人
不明白，再於次日出示英文公告，其中最主要的一段云：

　　　　島上華人居民應依照中國法律習慣辦理，但廢拷訊。
而於英人或他國人民，則適用英國現行法規辦理，將來
執政官吏必要時得隨時另訂一切法規，凡屬英國及外籍
人民，均受英國官吏之切實保護。

第一任裁判官威廉·堅

　　由於義律施行中西法律分治，於是便要找一位對中國法律稍
有認識的軍官來作法官。當時來香港的英國人，全部都是軍人，

行政人員極少，是以要在軍官中物色。當時英軍第二十六團團長威廉‧堅（William Caine）被認為是最適合的人選，於是便任命他為裁判官。

從法律觀點來看，義律這些行為是違法的，因為香港當時尚未正式成為英國管治的地方，義律只是根據他和琦善兩人所簽的私相授受的協定而貿然登陸香港，是屬於強行佔領。那個私相授受的私人協定，由於是在穿鼻洋上作出協議，歷史上稱之為《穿鼻草約》。義律所發表的公告上所稱的和「爵閣部堂琦」所簽的「協定」，就是《穿鼻草約》。此草約完全不經道光皇帝承認，亦不經英國認可，義律就強行登陸香港，並且設立中西法律分治制度，在當時曾引起中外人士反對，其中英國法律界人士反對亦不少。但義律並不覺悟，他仍是一意孤行，任威廉‧堅為香港的裁判官。

威廉‧堅是第二十六步兵團團長，當時第二十六步兵團實際上是港島的駐軍，擔當著防衛、治安和警察的任務。他既有權調動所轄英軍去拿人，又有權在他的辦公室內開庭審訊犯人。這種既屬執法又屬司法的官，在中國是有的，當時中國的知縣，就是這一種官職。在英國，是等於軍事法庭。有人用它來比擬英國的警察裁判官，是不甚適當的，因為威廉‧堅的權力，比當時英國的警察裁判官是大得多，他可判決的案件範圍廣泛，遠遠超過了警察裁判的權力之外。

試看當時威廉‧堅在香港的權力範圍，就知道他的權力已超過警察裁判的範圍，當時義律在委任威廉‧堅為裁判官時，列明他的權限如下：

第一，裁判官應有維護港島與所屬海域治安，及保衛治下人

民生命財產之責，治理中國人民得適用中國法律風俗習慣，但須廢除拷打訊問。

第二，凡華人犯法，所有處分不能超過下開刑罰，如認為嚴重，非判以極刑不可，必須申請上級長官判斷。計開：甲、監禁三月，不論是否兼施勞役。乙、罰款四百元。丙、笞刑一百鞭。

第三，英國軍人判亂或犯法，應由軍法處置，其他英國人及外籍人民有擾亂治安、犯罪，及違反香港現行法例之行為者，得適用英國法律辦理。並得執行拘捕、羈押、審理與處罰一切罪犯。

第四，凡遇軍人謀叛，違反紀律及觸犯警章，應一律押返上級軍部處理之。

第五，有關一切重罪案犯，依英國法律屬於應判重刑者，應先由該署嚴密看管，即行向上級申請核辦。

這些範圍，第一項已超越海事處範圍，他的職權連海域亦管到。第二，他雖然不能判重刑，但可申請作如此的判斷。第三，他有權拘捕任何人，除軍人外，他既可拘捕又可審訊，又可判案，即執法和司法都由他負責，權力範圍顯然比清代之知縣為大，亦比英國的裁判司為大。可以説，這完全違背英國司法獨立精神，是以引起中外人士反對。

義律其實對法制的認識是很有限的，否則不會連海域的治安也由一位陸軍軍官去負責。後來海軍方面提出異議，他在兩個月後，另委威廉・畢打為港務局長。將海上的權力由海軍人員負責，將水陸的權力分開。

威廉・畢打當時的權力，也和威廉・堅一樣，具有執法及司法權力。他的辦公室既是海港軍事執法機關，也是審判機關，他

可以下令拘捕海上被疑為犯法的人，而自己又馬上進行審訊判罪，與威廉·堅所執行的職務相同。只是威廉·堅在陸上執行，他在水上執行而已。

英國於 1841 年 8 月特命砵甸乍為全權公使及商業總監，再發動侵略戰爭，把義律調回英國去。砵甸乍初時在澳門設公署，於 8 月 12 日到港，義律於 8 月 24 日交代清楚而返英。不久英國船隊北上，香港的防衛力量因此不足。威廉·堅及威廉·畢打和所有英軍，亦退居艦上，實際上，這一段時間香港是處於真空狀態的。

香港恢復正常狀態的日子，是在 1842 年 8 月 29 日，訂立《江寧條約》之後，因為當時和約已經訂立，英人治理香港之局已定。砵甸乍返港時，香港的政制仍然依照義律的辦法辦事，威廉·堅仍然掌陸上民政與司法之權，威廉·畢打亦掌海事及審判之權，在法制上，依然是中國人守中國法律，西人守英國法律。這樣的法制，常引起華洋兩方的衝突，等到有所糾紛時，威廉·堅與威廉·畢打，自然是幫本國人，令到華人長期吃虧。這種制度，與英國的司法獨立是背道而馳的。因此，1843 年 2 月 17 日，英國眾議院開會時，便有議員提出質問。這位議員叫史丹頓，他質問英國政府，究竟視香港為甚麼地方，應由外交部管理，還是由殖民地部管理。此外，不管由哪一部門管理，香港的司法審裁程序亦應確定，不能像現時那樣雜亂無章。

當時由皮爾爵士回答，略謂香港已決定由殖民地部管轄，因此香港的正確性質為英國的殖民地，至於司法制度，應照英國的司法獨立制度施行，審訊程序亦用三級三審制，但必須要香港成立立法機關，以及成立高等法院始能實行。目前的混亂情形，只

屬暫時性云云。

　　後來於 1843 年 4 月 5 日發表「香港授命狀」，授權香港總督在香港組織行政、立法兩委員會，制定香港行政組織和制定法律，又授權總督成立高等法院。復由英國任命正按察司，改善香港的司法制度，樹立司法獨立精神。對於當地有不適合英國法律的地方，可斟酌當地實際情形而訂立香港法例，使中外一體，共同遵守。其中有特殊情形，為英國法律所無者，然後引用中國法律風俗習慣辦理。

　　1843 年 6 月 26 日，砵甸乍依據「授命狀」宣誓為第一任香港總督，同時委任各大小官員，然後在官員之中挑選人選參加行政委員會，宣佈行政委員會成立。最初的行政委員會，僅由港督任主席、輔政司、庫務司、總登記官、法律顧問及醫官為委員。又宣佈成立立法委員會。行政立法兩委員會的正式名單，於當年 8 月 21 日發表，立法委員會遲至 1844 年 1 月 11 日始組成。

高等法院審理的首宗案件

　　當時砵甸乍所委任的行政立法兩委員會的委員，全部都是官員，這些官員對砵甸乍唯命是從，實際上和義律時期並無甚麼分別，僅僅是名義上有了立法機關，可以制定法律而已。

　　高等法院也是由砵甸乍成立的，當時他執行高等法院院長職務。高等法院院長的官階及性質等於清朝的按察使司，是以當時譯為按察司，此譯名一直沿用至今。德忌笠將軍則執行副按察司

職務，於 1844 年 3 月 4 日開庭審第一宗刑事案件。

這件案件是一名菲律賓水手，在一艘名叫夏路坤的船上，殺死一名西班牙二副，由裁判司初審，認定犯嚴重刑事罪，移交高等法院審訊，這是本港第一宗經初審移送高院審訊的案件，也是高等法院首次開庭審案。

當時高等法院的正副按察司雖然由正副港督執行職務，但審訊程序已照英國模式進行，由巴格士任檢察官，副裁判司希利亞為登記官，並由當時在港經商的英國人登記為陪審員，傳召其中十二人組成陪審團，已具現時高院審案的規模。

當時香港並無律師執業，也沒有法律援助，被控告的菲律賓人因當時菲律賓在西班牙治下，故被指為西班牙人，他的英語表達能力極差，很難為自己辯護。是以砵甸乍在開庭致詞時說：「我們在香港執行司法，責任重大，應詳細向證人盤問，由於被告人沒有律師代表辯護，如果對案情發現疑點，希望予被告充分利益。」

審訊結果，陪審團一致認為謀殺罪成立，於是判處死刑，這是香港法律史上，第一宗判死刑的案件。

不過，這一位被判死刑的菲律賓水手，並非第一位被處以死刑的人，因為後來他的死刑被赦免了，是以他又是香港第一位被赦死刑的人，在香港法制史上，他連獲兩個「第一」。

嚴格來說，當時審判這一宗謀殺案雖是用高等法院名義審訊，實際上不能算香港高等法院已正式成立。在法制上，應該先立了法，有了《高等法院條例》，高等法院才算正式成立的。因此有很多香港史家，認為香港高等法院是由砵甸乍所創立，而有部分史家則認為成立高等法院的人是第二任港督戴維斯。

戴維斯於 1844 年 5 月 7 日，乘英艦「士批夫」號抵港。同艦而來的有三位新任官員，一位是新任輔政司布魯士，一位是正按察司曉吾，另一位是高等法院登記官羅拔奇。戴維斯是日登陸宣誓就職，是為香港第二任總督。戴維斯是真正動手改革香港法制的人，他首先將威廉‧堅的職權限於違反警律及簡易民事範圍，削減了他以前的司法裁判權力。

6 月初，委任正按察司曉吾為立法委員，他已著手研究草擬《高等法院條例》，但真正熟悉法律條文的助手不多，因此要等到 7 月 28 日，新律政司史德陵來港，加入為行政局委員時，才能草成《高等法院條例》。律政司是香港通行的譯名，中國通稱其為總檢察官。擔任此一職務的人選，必須熟悉各種法律條文，擅於使用習慣上認同的法律文字，由於他經常負責草擬法律條文，又根據現行法律，認定某一種行為屬於觸犯法律，提出公訴，是以港人稱為律政司，亦可稱為總檢察官。

多了一位法律條文專家史德陵協助，《高等法院條例》才擬定，於 1844 年 8 月 21 日通過頒行，香港高等法院才能組織成立。香港高等法院院址，最初設於威靈頓街近德己立街與石板街之間，現時已無法考證它的原址所在位置，但據悉它開幕日期為 1844 年 10 月 1 日，在當時這是一大盛典，所有西人均穿禮服參加典禮，由總登記官羅拔奇宣讀開幕詞。當日原有一件刑事案審訊，但因本港尚無律師執業，這樣審訊是不公平的，所以第一天工作，是確立香港的律師制度，先批准律師執業。香港的律師制度有律師和狀師之分，狀師今稱大律師，當日批准方甘氏為本港第一位律師，而律政司史德陵則為大律師。

香港高等法院於 10 月 2 日正式開庭審案，這個首次在高等法院開審的案件，是一宗誘拐少女賣落娼寮的案件。

案情透露，有華人夫婦，居住於港海的貨艇上，常登岸賣物，因此和兩位少女相識。一日，這對夫婦引兩少女到船上購物，將二人綁於船艙之內，立即開船駛往廣州，賣給廣州的妓院為娼，每名少女賣九十元。幸而少女寫信給廣州的親戚求救，備款將二人贖回。兩少女返港後，偕父母報案，警方將兩被告拘捕，轉解高等法院審訊。

當時兩被告仍是沒有狀師代表辯護，但案中證人均能陳述被拐誘及運往廣州情形，陪審團亦一致認為被告罪名成立。於是宣判被告夫婦各入獄十八個月，其夫則兼作勞役。究竟這對夫婦，當時在何處服刑呢？

警署之內有監獄

查 1844 年維多利亞監獄（即域多利監獄）尚未設立，一切要服刑的監犯，均囚於警署附屬的監獄內。這座警署，位於上環荷李活道的差館里處。威廉・堅就是在這間警署之內工作，他既管理警察，又任裁判司及兼任監獄官的職務。這種體制，仍然是中國縣知事的本色。清代的縣官，其衙門的規制，是集司法、行政、監獄於其中，各縣的縣志，都有縣衙的圖錄刊登，通常縣政府的正中的建築物為公堂，即審訊犯人的法庭，左右兩邊的建築物，一邊是監獄，一邊是差人的宿舍及辦事地點。當時上環差館里的差館，

規劃也和中國知縣的衙門相似，既是警察辦公的地點，又是裁判司開庭審案的地方，警署的後面則是拘留所和監獄。因此，有些史書記載，稱威廉・堅為香港縣知事，把他當作是香港縣的縣官。

但英國沒有這種體制，英國的縣長，並不負責管理監獄，管理監獄另有監獄官，而法庭判一被告入獄時，則由執達吏將這個犯人押送到監獄，執達吏是執行法庭判決的官吏，職權是分得很清楚的。但香港設立法制之初，由於人手不足，加上地方上的建築物尚未夠應用，因此實行簡化，連管理監獄的權也交由威廉・堅負責。威廉・堅不能以裁判司兼管監獄，是以另創一職位由他兼任，這個職位名為「執法官」，職權相當於執達吏和監獄官，因此，當高等法院判決第一宗誘拐少女為娼案時，這對夫婦便立即交由執法官將他們送入監獄，即由威廉・堅指揮警察，押他們返差館里警署內的監獄服刑。

這種制度顯然不是英國的制度，當時只是因陋就簡，同時，差館里上的差館，也是極簡陋的建築物，當香港的罪案隨著本地人口激增而激增時，它的面積便不夠用了。於是，便需要另覓地方建築監獄。當時荷李活道南面的一帶，都是山坡，而荷李活道西面地區，已成華人住宅區。東面一帶，較為荒蕪，於是在現稱奧卑利街的一處山坡，建成第一座監獄，名為維多利亞監獄，這座監獄於 1857 年建成，並委任當任執法官為監獄官。

這個香港的第一座監獄，是在奧卑利街的西面，並不是在「大館」（即前中央警署）內的，它的四旁築了高高的石牆，中間建了兩座監獄，首任的監獄官名英格利。凡由法庭判罪的犯人，都押解到這座監獄來，凡待審的疑犯，則拘留於差館的羈留所內，

將裁判司兼任監獄官和執法官的職權分開。

這一座小小的監獄，五年之後，又有人滿之患。同時，差館里上的差館，又無法容納日益擴張的警察隊伍。因此，當局就在那座細小的維多利亞監獄對面的山坡，開闢地盤，在該處興建一座大型而多樣化的建築物。這座建築物，前面是警察總部，後面則是羈留所和監獄，裁判司署則設於警察總部的東面，彼此構成一堆建築群，這就是中央警署（俗稱「大館」）所在地。

建了這一群包括監獄、羈留所、警署、裁判司署的建築物之後，由於另有一座監獄在這群建築物的西面，在兩座古監獄之間，為了方便交通，要開一條路通至警署，於是這條路，便分隔了兩座監獄。

這條分隔兩座監獄的路，初時尚無名稱，其後名之為奧卑利街，就是因為這條街，兩邊都是監獄，和倫敦的奧卑利監獄的環境相似。

倫敦的「奧卑利」，位於老城區，在「紐基街」附近，現在已改名為「中央罪案法院」。到倫敦去旅遊的人，甚少到這間有歷史價值的老法院去遊覽，也不知道這座法院從前就是「奧卑利」監獄。不過旅遊者亦可在倫敦的遊覽圖中，在街道圖上看到「中央罪案法院」的位置，而遊覽圖的說明文字中，也簡略地介紹這座法院從前就是「奧卑利」監獄。

現時倫敦的「中央罪案法院」，是在 1902 年將古老的監獄拆去改建而成的，這座法院有些像舊香港高等法院，其中一尊審判女神的雕塑像，更是和香港的高等法院的女神像相若，也是手持天秤及劍，表示公平審判，不管甚麼人犯法，都一樣受法庭審訊。

關於這間原名「奧卑利」的古老監獄的歷史，在若干倫敦旅遊指南中，也有記載。奧卑利監獄曾發生過一次大暴動，那是 1870 年時，當時暴動者裡攻外應，將監獄的圍牆推倒，並縱火焚燒，破壞了其中一部分。事平之後，將破壞的一部分拆去，建成新院，這座新設的監獄，就是郭嵩燾於光緒三年（1877）出使英國時參觀的那一座，其時，這已經是一座被暴動者破壞後而重新建成的新監獄。郭嵩燾稱這座監獄為「紐開脫」，大抵這座新建的監獄所面向的街道名為 New Gate 之故。倫敦的「奧卑利」監獄，是十八世紀時凡英國人都知道的。

「長命斜」此名何來？

奧卑利街有一個別名，是早期香港人習慣使用的，這個別名十分特別，稱之為「長命斜」。「斜」字讀「車」字粵音的第三音。廣州話稱上山的路為「斜路」，而「斜」字則不讀本音。

奧卑利街是一條從荷李活道到堅道去的傾斜的街道，但這條斜路並不很長，為甚麼稱之為「長命斜」呢？

在附近有幾條比奧卑利街更加長而傾斜度又更大的，例如附近的卑利街，它是從皇后大道中直到堅道的斜路，而卑利街的斜度實比奧卑利街為更加大。此外，還有一條鴨巴甸街，也是從威靈頓街起斜上堅道的，其傾斜度亦高於奧卑利街，為甚麼卑利街和鴨巴甸街不叫「長命斜」，一條短短的奧卑利街則稱之為「長命斜」？顯然，並不是由於它又長又斜而得名。

原來，「長命斜」是和建成維多利亞監獄之後，與執行死刑的制度有關的。因此，這裡先要談談香港執行死刑的歷史，才易了解它又名「長命斜」的原因，否則，很難說明這條短短的斜路為何名為「長命」。原來「長命」的反義詞就是「短命」，「短命」其實是和執行死刑有關。

香港開埠初期，死刑是在西環郊外執行，並且公開任人觀看的。死刑的刑具是一個吊架，因為香港效法英國制度，是用絞刑，即用繩索將死刑犯的頸套住，將之吊死的。因此，也稱死刑為「問吊」。自從在奧卑利街西邊建成維多利亞監獄、警察總部及裁判司署之後，本地的死刑亦改在該處舉行。

最先在維多利亞監獄這座建築物執行死刑的死囚，並非中國人，而是兩位英國水手。這兩位水手因謀殺一名華人而被判死刑。

這件嚴重罪案，很多談香港掌故的人都已談過，這裡只簡單地敍述一次。事緣 1858 年 12 月 28 日，一艘美國船「馬斯狄夫」號抵港，泊於港內海面等候卸貨及裝貨。船上三名英籍水手，一名鍾士、一名威廉、一名劫本，他們知道船上船主室內有很多金圓，於是商議潛入船主室內偷竊，但在商議的時候，被船上侍應生亞胡聽到。亞胡是華人，一向忠實，於是向船主告密。船主於是將船駛至青洲海面，向海事處報案。海事處派員登船向鍾士等三人查問，因事無佐證，不能只憑亞胡的指證就拘捕他們。此事後來當然是不了了之，而海事處人員亦只好離船。

不料次日，船主發現藏金全部失去，而華人侍應生亞胡又失蹤，船主立即報警。水警登船調查，由於昨日已審問過鍾士、威廉和劫本三人，這次亦先行審問他們，但他們都異口同聲說：「昨

日亞胡誣指我們企圖偷竊船主的藏金，我們會不會這樣傻，真的去偷藏金給亞胡做證據的。現在亞胡失蹤，顯然是他的詭計，他一方面先行誣告我們，然後偷去藏金逃走。」

水警搜查他們三人的房間及行李，也沒有發現藏金，只好假定亞胡偷金潛逃，但船主認為亞胡忠實可靠，不會偷金逃走的，他希望警方逐一審問船上其他人物。這樣，海事處只好派員在船上守衞，禁止船上任何人離船，以便進行逐人盤問。這樣的工作十分費時，足足擾攘了一整天。

到了 12 月 30 日潮漲的時候，「馬斯狄夫」號的船邊海面出現了一具浮屍。雖然波濤洶湧，但這具浮屍竟沒有漂出遠處。這終於引起了船上人員注意，經船主認出，這是他的侍應生亞胡，於是著人將屍撈起。

警方以這件事不僅涉及偷竊，而且涉及人命案，當即通知驗屍官驗屍。驗得亞胡頸上有被繩勒死的傷痕，是死後才被拋屍落海的，而並非溺斃。這樣無疑推翻了昨日的假定，即證明亞胡並非偷去藏金逃走因而溺斃的。

這麼一來，鍾士、威廉和劫本三人便有最大的嫌疑，認為他們含恨而將亞胡殺死，於是再到他們的房間去搜查，這一次搜查特別嚴格，結果在他們的房間內搜出全部贓物。

鍾士、威廉、劫本三人被控串謀盜金和謀殺華人亞胡，初審罪名成立，解高院審訊。這個案於 1859 年 2 月 23 日在高等法院開庭審訊，由於傳召證人極多，審至 3 月 2 日，陪審團一致認定三人謀殺罪成立，於是判三人死刑。但威廉上書給當任港督寶靈（John Bowring, 1854–1859），說自己並無參與盜金及殺死亞胡之事，只

擔任把風。這可從搜查房間時，他的行李內無贓物為證。因當時搜金，只在鍾士及劫本二人的行李中搜出故也。

　　港督寶靈爵士運用權力，赦免威廉的死罪，改為無期徒刑。當時本港監獄規模不大，不能容納無期徒刑的囚犯，是以凡判無期徒刑，等於判終身充軍往南洋婆羅洲。威廉遂被押往充軍。餘下的鍾士和劫本二人，即在香港執行死刑，由於二人表示放棄上訴，是以執行死刑日期僅在判案後的第四日。

公開行刑　安定民心

　　由於荷李活道與奧卑利街及亞畢諾道之間的監獄、警署、裁判司署均已建成，執行死刑不必到西環郊區，而改在該處的廣場上執行。這個刑場位於亞畢諾道一側，在裁判司署之前，鍾士和劫本兩位英國水手就在該處被正法。執行死刑日期為 1859 年 3 月 7 日。當天是農曆的二月初三日，選擇這個日期行刑，主要是希望多些華人去參觀。1859 年是咸豐九年，當時正是亞羅號事件尚未結束之時，第二次鴉片戰爭的戰火仍在進行，當時香港反英情緒仍在民間激動著，為了向人們表示法治精神，對於這兩位殺死華人亞胡的死刑犯，便要公開示眾，讓人們親自見到絞死番鬼佬的情形，是以要揀一個大多數華人都有空閒的日子行刑。

　　當時華人社會尚未形成星期日放假的習慣，對於公眾假期，也並非完全放假的，原因是當時薪酬制度是年薪制及日薪制，每年年薪制的人只有在農曆新年期間放假幾天，一般商店都在正月初六

或初七開市，有些遲至正月二十日才開市，是以在正月至二月初，是商場的淡月。那時貨運和轉口貿易並未興旺，一般出賣勞力的勞苦大眾的薪酬制又是日薪制和計件工資的，在年薪制的商行職員尚賦閒時，勞工們是更加不會很忙，因此估計當時有更多的人來看行刑，主要是吸引那些下層人物來看。須知當時下層社會對英國人絞死殺死華人的英國人，是不相信的，他們懷疑這只是一場「把戲」，是以選擇在中區行刑，又選擇在農曆二月初三行刑。

　　據資料顯示，當時有二千多華人到裁判司署廣場上觀看行刑，他們目擊兩位英國水手被吊死。

　　香港史籍上仍保存著這一次行刑的紀錄，在政府的歷史檔案中有一張當日張貼的中文告示，是行刑後次日在香港街道各處張貼的，告示的全文如下：

　　　　為出示曉諭示：照得昨有英人二名，因在本港治下地方謀殺華人一命，成立罪狀，業經當眾執行死刑在案。凡爾華人，均所目擊。須知香港政府，執行英國法律，維護司法尊嚴，對於治下居民，一體待遇，無國籍、種族、血統或畛域之分，有罪者按律處治，不稍枉縱。凡爾居民務宜凜遵，各安生業，毋得犯法。切切特示。奉總督命，輔政司馬沙。一八五九年三月八日示。

　　考當時中英關係弄得十分不愉快，英法聯軍仍然佔領廣州未退。在這段期間內，香港曾出現過毒麵包案，引致百多英人中毒，可知港內反英情緒仍烈。香港政府要在香港推行法治，要對港內

華人表示香港內部與中英關係無關，仍以法治精神治港，照樣維持司法尊嚴。是以毒麵包案的被告宣佈無罪，而這兩位英國水手則當眾執行死刑，這都是一種姿態，用以維持香港內部的穩定。

由於執行死刑在裁判司署的廣場上進行，而執行死刑的地方在亞畢諾道那一邊，因此當時的死刑犯都不囚在近奧卑利街的監獄內。是以囚犯家屬來探監時，到奧卑利街的監獄來探望，以及出獄犯人自奧卑利街的門口出來，都稱這條路為「長命斜」。

大抵稱之為「長命斜」的原因，就是這條路出來的犯人，都不是死囚，到這條路去探監的人，探望的都是「長命」的囚犯，不比到亞畢諾道那邊去探監的人，探的都是「短命」的死囚。儘管奧卑利街街道短，而傾斜度又並不很斜，其名之為「長命斜」，除了最後一字之外，其實均與街道本身的特徵無關。街道的俗名正如人的花名及綽號一樣，都是由某些人首先杜撰出來，而為大多數人認同而產生的，是以有時一個綽號亦有幾種形成的原因，例如《水滸傳》中的魯智深。他的綽號叫花和尚，固然由於他是一位和尚，同時他的相貌和行藏都不像正式的和尚，故而有「花和尚」的綽號。奧卑利街的別名「長命斜」，則又別有另一原因，據說這條斜路常為逃犯逃生之路。

在奧卑利街兩邊的監獄，雖然圍有高牆，監獄內的窗口又有鐵枝關欄，囚犯照理是無法逃走的。但囚犯由於有求生的本能，也有要求自由的本能，他們自有辦法將窗上的鐵枝鋸斷，並有辦法越過高牆逃出，從奧卑利街逃走。他們在監獄內望見奧卑利街，也稱這條街為「長命斜」。不能逃出的囚犯，對著這條斜路，常常感嘆自己有沒有命出得去這條斜路，祈求自己長命，捱過徒刑

的歲月步出這條斜路。能夠逃出的囚犯，則認為這條斜路是延長
自己壽命的斜路，因此也稱這條路為「長命斜」。

　　根據香港史籍上所記錄下來的資料，在維多利亞監獄建成之
後約七八年間，從獄中逃出奧卑利街的人數頗多，因此監獄官建
議另設一監獄，用以囚禁五年或以上徒刑的犯人，因這種囚犯逃
獄最多。

「長命斜」的其他傳說

　　五年以下徒刑的囚犯越獄較少，原因是他們常常在審訊期間
已監禁達一年半載，入獄後，約年把兩年就可以出獄，自信有命可
以出獄，而五年或以上徒刑的囚犯，都千方百計逃獄。是以監獄
官建議設一隔離監獄，將重犯囚於隔離監獄之內，防止他們越獄。

　　因此，1862 年當任港督夏喬士・羅便臣（Hercules Robinson,
1859–1865）批准了設隔離監獄，以昂船洲一島離岸頗遠，是理想
的興建隔離監獄的地方，便在昂船洲島上興建監獄。由於興建監獄
需時，為免越獄囚犯繼續越獄，特將一艘貨船，改裝為水上監獄，
將重刑的囚徒，移到船上監禁。

　　當時共有三百名刑期五年以上的囚犯被移於監獄船上，到
1863 年 2 月 10 日，昂船洲的監獄落成，滿以為可將船上的囚犯移
到昂船洲去，不料一年以來，維多利亞監獄又告人滿之患，將維
多利亞監獄內的重刑犯移到昂船洲監獄去，又幾乎填滿了所有新
建成的監倉，原來當時移到昂船洲去的囚犯，凡六百餘人。

於是乎，監獄船又繼續保留。這艘監獄船也是停泊在昂船洲對開的海面的，與昂船洲的新監獄遙遙相對，維多利亞監獄已沒有囚犯從奧卑利街逃出了。

昂船洲的監獄，以及該島海面的監獄船，最高的囚禁犯人數目可達千餘人，照當時的規劃，昂船洲監獄可容一千囚犯居住，而監獄船的最高囚禁額則為六百名，合共可容囚犯一千六百名，這兩座監獄在最高囚禁額滿座的時候，卻發生一場空前未有的災難，被囚的犯人，全部死亡。

這一件大災難事件，發生於 1874 年 9 月 22 日，是一場災難性的大風暴吹襲香港，在香港風災史上，名為「甲戌風災」，因為 1874 年為同治十三年歲次甲戌年，農曆是八月十三日，即中秋節前兩天。

強而猛的颱風正面吹襲香港，吹塌陸上的房屋達數十座之多，而海上的船艇更覆沉無數。最可怕的是泊在昂船洲附近的監獄船，船頭和船尾的錨鏈因風力過猛而折斷，於是整艘監獄船遂被狂風吹沉，船上的囚犯由於無法逃生而全部死亡，連管理囚犯的官員也無一倖免。昂船洲上的監獄，也遭遇同一命運，颱風把島上的所有建築物全部吹倒，大部分囚犯被壓在瓦礫中喪生，能逃出瓦礫的囚犯，也被狂風捲入海中失蹤，全部囚犯無一倖免。

倒是囚在奧卑利街兩邊監獄的囚犯平安無事，他們望著窗外的奧卑利街，都說這條街是長命的街道，如果當時離開奧卑利街到昂船洲去，就沒有命見到這條「長命斜」了。

這就是「長命斜」的另一來源的傳說。須知當時維多利亞監獄有人滿之患，並不一定重刑犯才押往昂船洲監禁的，很多徒刑

二年的囚犯也押往昂船洲，這些留在奧卑利街兩旁的囚犯，哪得不認為奧卑利街保住他們性命？

奧卑利街既是以倫敦的監獄的名字命名，它的別名「長命斜」自然和監獄有關，上述的各種傳說，是十分可信的，這條街道的別名是由監獄中的囚犯所賦予，由探監的家屬所賦予，應該是不必懷疑的。

有人認為「長命斜」是這條街道的傾斜度大，登臨的時候要一步一步捱上去，像是捱命似的，故名「長命斜」。其實這條斜路比不上鴨巴甸街從荷李活道到堅道的傾斜，更比不上卑利街上堅道的斜度，而長度亦長於它。奧卑利街是在荷李活道最低的坡度處斜上去，上面的堅道也是最低陷的一段，是以並非最難捱的一條斜路，長度和斜度都不應構成別名「長命斜」的原因。當 1874 年颶風吹倒了監獄船及昂船洲監獄後，當局準備擴大維多利亞監獄，擴大的地點，只能將奧卑利街西側的監獄擴大，若擴大這部分的監獄，則整條奧卑利街也得劃入監獄範圍，要封閉了這條路。

至於在道路交通方面，似乎不容許用這方法擴建維多利亞監獄。須知從堅道至中央市場，就只有這條路直達，如將奧卑利街封閉，對堅道上面的居民大有影響。而且，當時香港正發展起來，地皮有價，而山坡上的地皮有限，衡量土地使用價值，結果不將維多利亞監獄在原地上擴展，反而規定原有的面積，新的監獄再覓地方興建。因此奧卑利街除監獄範圍之外的地皮，均可作為商住之用而出售。

奧卑利街中段，近士丹頓街的街口處，從前有一幅高大的石牆，牆頭上又圍以鐵絲網，這幅圍牆也就是從前的維多利亞監獄

的一部分。這座位於奧卑利街之西的監獄，面積不大，在戰後初期仍然存在，不過已經不作監獄之用了，現時這裡已建成了大廈。

最先建成樓宇的是近荷李活道與士丹頓街之間的一塊斜坡地皮，該處建築了幾幢樓宇，樓上為住宅，樓下為商店。在建築樓宇之初，業主並非華人，由於華人忌諱與監獄為鄰，很多人都怕在監獄附近居住，因此這幾幢樓宇最初的業主，都是「白頭嚤囉」。香港人對於形態和相貌近似印度人的外國人，均以「嚤囉」稱之，故此對巴基斯坦人和印度人，至今仍稱之為「嚤囉」，「白頭嚤囉」所指的更為複雜，凡阿拉伯人、色目人、埃及人及猶太人，通以「白頭嚤囉」稱之。其實，發展奧卑利街口的「白頭嚤囉」是猶太人。

猶太人在香港發展史上，亦佔一席位，他們有積累金錢的經驗，又擅於運用金錢，精打細算。在香港開埠初期即經營絲綢、象牙、瓷器、古董等行業，他們又會放貴利。故奧卑利街近荷李活道至士丹頓街的一段地皮，業主均為猶太人，他們在樓下開設古玩店、瓷器店或絲綢店，而樓上則為住宅，或自住，或租給別人居住。這一批樓宇，其實全部看不見監獄，但華人亦有戒心，是以初期居住的人，都是外國人，而以印度人租住為最多，其情形一直維持到第一次世界大戰之後，但商店則已有華人租用，甚至業權也全部由華人購買，因為奧卑利街的監獄，已不是那麼可怕，人們亦不怕與之為鄰了。

在汽車未流行的年代，住在堅道上的有錢人，唯一的交通工具是轎子。堅道位於半山，人力車不能拉上去，只有轎子可以登臨，當時若干富人均有私家轎，聘有長期的轎伕。亦有富人不設私

家轎，乘街轎上堅道去的，奧卑利街則是登堅道的轎子必經之路，這條路一向被稱為「長命斜」，又由轎伕將它繼承下來。

街轎是營業的轎子，由兩位轎伕合作，租一頂轎子經營，任何人均可乘坐。中區登半山的轎子，全部停於德忌笠街路邊，等候乘客光顧。德忌笠街即現時的德己立街，停放轎子的地方在當時的娛樂戲院旁邊。當時沒有汽車，轎子停放路邊不礙交通，轎伕抬轎登山必經奧卑利街，原因是這條路比較寬闊。

當時乘轎上堅道的人，在德忌笠街口上轎，轎便沿威靈頓街而上，轉入擺花街，然後轉上閣麟街，由閣麟街上奧卑利街而抵達堅道。

轎伕選這段路程抬轎，是有原因的，由於擺花街是一條平坦的路，當抬上威靈頓街的斜路時，到達擺花街則可以抖氣，因抬轎上斜路，比在平路要多花一倍的氣力，途中有一段平路總比一

一百年前的中區海旁大道。圖中的轎伕若載客登半山區，必經「長命斜」。

口氣抬上斜路好得多，因此轎伕便採用了這條路線上堅道。

　　當轎子抬到奧卑利街中段時，轎伕已發出噓氣的聲音，這是勞動者的號子，那聲音是很輕微的，因為抬轎和抬貨物及拉船的船伕不同，後者可以大聲噓喊，抬轎若高聲噓喊，會影響轎子內的「老爺」不滿，那種聲音常常聽不到是甚麼，有時只聽到一個「上」字的聲音。這個「上」字音，等於説：「鬼叫你窮，頂硬上。」這個「上」字的噓聲，有兩種作用，其一是將體內的廢氣噓出來，吸一口新空氣以便繼續捱上去；其二是使前後兩人的步伐相一致，即前面的轎伕和後面的轎伕的步伐相同，一齊出左腳及一齊出右腳，故要發出噓聲配合。

　　很多音樂家對勞動者的聲音都加以注意，著名的《船伕曲》就是用船伕的呼噓聲為素材的作品，中國的《大路歌》也是用築路工人的號子為素材的作品。香港也有很多勞動者的號子，有些號子已成為歷史陳跡，例如抬轎上奧卑利街的轎伕聲就是一例。主要作用在於集體勞動時一齊用力推動重物，在號子中最後的一音發力，是以這最後的一個音特別響亮。

　　當年轎伕抬轎至奧卑利街中段時，由於這一段路特別傾斜，是以特別吃力，需要將步伐放慢，同時又要使轎子平穩，故要步伐一致，便發出噓呼之聲。在這一條中段以上的斜路，轎伕都有默契，大家都是慢慢起步，他們説：「慢慢上，拖長條命來抬上去，否則會傷氣。」又説：「長命斜，長命抬。」

　　在五十年代中仍有轎子在雪廠街與都爹利街之間停候等客登山，筆者曾訪問過抬轎者多人，了解抬轎到堅道去的情況。他們亦認為最佳的路線仍是從德忌笠街經擺花街，沿奧卑利街直上，

他們稱奧卑利街為「長命斜」，不直稱奧卑利街。他們也說出「長命斜」一名的來源，是他們這一行對奧卑利街的統稱，因為抬轎上中段，要「拖長條命」上，不能心急，心急則很容易打翻轎子，危及坐轎的人的。

原來，乘轎上斜坡時，如果心急的話，轎子會向左右搖動，乘轎者就會心慌，他心慌時人也兩邊搖動，使抬轎者更加辛苦，雙肩所受的搖動力更大，他們要靠雙手拿著兩邊的轎槓使轎子平穩，搖擺不定時，雙手拿不穩槓子的話，轎就向左右翻側，乘轎者就會跌下來受傷。因此登這條斜路時，要放慢，否則「冇命」。這是「長命斜」的另一種命名原因。

現時相信已沒有人把這條斜路稱為「長命斜」了，雖然街的東側仍是中央警署和維多利亞監獄，而西側的監獄卻已經拆建成大廈，同時，轎子已被淘汰，把這條路叫作「長命斜」的人也越來越少，「長命斜」的名稱在不通行的情況下亦日漸失傳。

奧卑利街從前近堅道的一段空地，很遲才有人買地建屋，這一段是近西側的，即近伊利近街的一塊地皮，該處更加接近維多利亞監獄，同時位於斜路的最高處。這一段地皮有幾點被認為不受歡迎：第一是與監獄為鄰；第二是返家時一定要經過監獄門前；第三是步行到該處十分吃力，如果每次都要乘轎，花費太重，因此這段地皮遲遲沒有建築發展商垂青。

1894 年香港發生鼠疫，鼠疫最猖獗時每天死人數百，很多街道都成為鼠疫的疫區，有些嚴重的疫區要將樓宇拆去，及強迫居民遷出鼠疫樓宇之外。但是，奧卑利街是完全不受鼠疫影響的街道，主要原因是該處居民極少。其次是堅道，堅道的鼠疫發生率

是很低的，較之其他地區各街道，算是最平安的街道。因此鼠疫平息之後，有錢人和建築發展商都向堅道和接近堅道的地皮打主意，奧卑利街近堅道的地皮，於 1900 年之間才建成三層高的新型樓宇，這些樓宇是中西合璧的。鼠疫之後，當局規定樓宇的格式，必須留出空間以流通空氣，是以鼠疫前的樓宇和鼠疫後的樓宇是完全不同，鼠疫前所建的華人樓宇，是完全中國式的，即從樓下到樓上都是同一式樣，完全密不通風，只有向正街的地方有窗。而後座則作為廚房用，廚房的煙則由煙囪將煙通到天台上面，這是鼠疫前的樓宇格式，鼠疫後所建樓宇，要規定留出一個天階以流通空氣，是以樓下有一個天階，廚房則在天階的左邊或右邊。

　　由於鼠疫後所建的樓宇格式不同，是以可從建築物的形式而考知這些建築物的建築年代，而不必翻查屋契。故傳說奧卑利街近堅道的幾幢樓宇是在鼠疫之後才興建的。筆者曾於該幾幢樓宇拆建之前去考察，發覺它們的格式，都是有一座大天階的，故可證實傳聞不誤。

　　這些樓宇是石腳磚牆建成，門口的格式都是高尚住宅的格式，可證初期是有錢人居住的，但戰前已經不是有錢人所住了。這幾幢樓宇的樓下，都改成舖面格式。門口亦有招牌，都是經營裁縫業的，其中靠近伊利近街的一間，樓下則是士多店，有雪糕及其他飲品出售。據說在三十年代，一些有錢人已經物故，後代將樓宇交吉出售，亦有很多原日住在堅道的富人，都遷到跑馬地去居住，因為跑馬地黃泥涌村遷拆後，那裡已闢作高尚住宅區，有錢的華人，都遷往跑馬地去。奧卑利街上面的幾幢樓宇，其後亦出租給人，而第一層的租戶就將之改為舖面，經營裁縫店及士多店。

　　現時這幾幢樓宇已重新建成大廈，整條奧卑利街兩側的建築物起了變化，監獄不見了，舊式的樓宇不見了。但是，向東邊望去，依然是見到高高的圍牆，東側是完全沒有變化的，依然是數十年前的樣子。中央警署、裁判司署、域多利羈留所等，仍然保持原狀，當然，裡面的建築物有很多在二十年代改建過，但那幅高牆，應有百年的歷史了。這條號稱「長命斜」的奧卑利街，已不見轎伕抬轎，每天只見汽車從堅道駛下，有時整條路都塞滿了汽車，昔日舊貌已不復見了。

「二奶巷」（安和里）的趣聞

紅牌阿姑與「二奶巷」

在中區九如坊，有一條小巷，位於從前的九如坊戲院前，可直通至皇后大道中，這條小巷原有其正式的名字，稱為「安和里」，但人們一向不稱之為「安和里」，而叫之為「二奶巷」。為甚麼這條小巷會有這古怪的名稱？而且它的由來向來言人人殊。吳灞陵先生用「鶩洋客」的筆名，於 1948 年撰寫《香港掌故》時，對「二奶巷」的得名，有如下的敍述：

大概在那些妾侍之中，已「入宮」的固多，不曾「入宮」者亦屬不少，因為做妻的不容易容許丈夫納妾，因而常常演出「搜宮」活劇……。香港上環大馬路與九如坊之間，有一條無名小巷，叫做「二奶巷」，「二奶」即妾侍，相傳以前有人利用這條小巷來作金屋藏嬌，以免為大婦搜得，因而叫做「二奶巷」。其實是否如此，無可稽考，但也可以反映出港僑立妾的情形是這樣了。

大抵 1948 年是第二次大戰後不久，香港很多橫街小巷的街名路牌還未完全恢復原整，吳灞陵先生撰稿的時候，見不到「二奶巷」的路牌，以為這是「無名小巷」，其實這條小巷很早已有正式的路名，名為「安和里」，相信在日佔時代，路牌被人拆去當廢鐵出售，戰後又未掛上新製的路牌，吳先生到該處去視察，見

不到路牌，就以為是無名小巷而已。

　　查 1900 年的街道名冊，已有「安和里」的路名，它的附註寫著：「在中環歌賦街附近」。「二奶巷」不屬上環範圍，而屬中環。算是香港中期發展時建成的小巷。

　　「二奶」是廣州話中的第二位妾侍的通稱，在香港未實行一夫一妻制之前，仍沿用清代的婚姻制度，那時男人可以娶幾個老婆，第一個老婆，以三書六禮迎娶的，叫做元配，又稱正室。以後的幾個老婆，則通稱妾侍。娶第二名的稱為「二妾」，通稱「二奶」。是以在那個時代，有錢人常常娶幾名妾侍，故有「二奶」、「三奶」、「四奶」甚至「五奶」。這個「奶」字讀廣州音「拉」音，不讀本音。很多人都相信「安和里」稱為「二奶巷」的原因是這條巷是「二奶」居住的地方，是那些娶妾侍的人，怕元配知道，在這條小巷中「金屋藏嬌」。這是把三十年代的香港婚姻現

「二奶巷」（安和里）雖隱藏於高樓大廈中，其窄巷本色卻未有改變。

象加以附會的説法，並不真實。在辛亥革命之前，《大清律例》確立男子有立妾的權利。考妾侍這種制度，源出於封建社會的繼承制度。皇帝恩賜的各種爵祿，很多都有世襲的規定，則承襲權就因而產生。若果本人無子，便要向同族人選一嗣子，這是當事人在無可奈何之下才會這樣做的，況且這也有失皇帝賜給世襲之意。世襲即由當事人的血親關係的子孫承襲這些權利，所以准許多娶幾個老婆來生仔，以便承繼爵祿。但是，老婆娶多了，兒女又多了，怎樣辦呢？於是又有「立子以嫡，無嫡立長」的規定。所謂嫡，就是元配所生的子，名為嫡子。妾侍所生的兒子，名為庶子。有些時候，妾侍先生子，其後元配才生子，妾侍的子雖是長子，但不是嫡子，元配所生的子，雖然是次子，卻是嫡子，在承繼權上，嫡子有優先權，若不立嫡子繼承，便屬違法。如《大清律例》卷八〈戶律‧戶役篇‧總注〉載云：

> 按吏律內已有官員襲廕之法，而此條立嫡子違法，則統紳士軍民言之也。士庶雖無襲廕職事，而繼嗣承祧，禮之所重，嫡庶長幼之間，立子亦必如法，先儘嫡長子，嫡長有故，方及嫡次子。其妻年五十無子，方得立庶長子，若舍嫡而立庶，舍長而立幼，皆為違法。並杖八十，改立應立之子。嫡庶有分，長幼有序，禮法之不易者也。

從這條清代法例可以見到，妻子的地位是有所保障，而妾侍的地位，是低於妻子的地位，是以在清代時期，因香港仍保留中國的風俗習慣，對妻妾的地位，亦同樣根據《大清律例》獲得承

認。在辛亥革命之前，香港上流社會的華人，並沒有害怕正室反對立妾，而要「金屋藏嬌」的。

　　辛亥革命之後，女權漸漸抬頭，到 1925 至 1927 年之間，中國發生大革命，有很多婦女都參加革命運動，女權更加提高。到了 1933 年，南京政府訂立各種法例，編成《六法全書》。那個時候婦女界提出一夫一妻制，反對男子立妾，本港華人中的元配妻子，才敢於正式反對丈夫娶妾侍。這樣才有男子暗中在外面作「金屋藏嬌」之舉。那個時候，香港社會亦常有大婦「搜宮」的活劇出現。所謂「搜宮」，就是由正室帶領娘子軍，偵知丈夫在外面和一位女子同居，前去搗亂，強迫丈夫和那女子脫離關係。所以筆者認為把「二奶巷」視作收藏妾侍居住的地方，是將三十年代的思想附會而成。

　　「二奶巷」約建成於十九世紀八十年代。那個年代，香港華人仍用古舊的禮法結婚，甚少到婚姻註冊處去辦理註冊手續，而香港亦承認華人那種婚姻法，是以男人可以堂堂正正地娶妾侍，毋須偷偷地在「二奶巷」內金屋藏嬌的。

　　況且，如果「二奶巷」既成為「金屋藏嬌」之所，則這條巷內所住的「二奶」，豈不是等於公開？那末所有的大婦，都可以集中到巷內偵察，把丈夫抽出來，將「二奶」趕出去。試想，有沒有這樣蠢的男人，要把「二奶」，收在「二奶巷」內居住，好讓娘子軍來搗亂？

　　因此，把「二奶巷」得名的原因，說是該巷曾經住過很多「二奶」，這是不合情理，也不符合事實的。那只是三十年代香港居民，因忘記了這條巷的前代歷史，把當時社會現象附會到「金屋

藏嬌」上，因而作出上述的傳說。然則「二奶巷」的得名真正原因是怎樣的呢？說法共有兩種，兩種說法雖然不同，但也異途同歸，故筆者相信這一傳說較為可信。

　　其中一種傳說，是光緒初年有一位魏姓的富翁，因為鍾情於水坑口一妓院的紅牌阿姑，要立她為「二奶」，可是這位紅牌阿姑是自由身的，她並非賣身給鴇母的妓女，所以姓魏的富翁沒有辦法用金錢來和鴇母交易。鴇母說：「你還是和她直接商量吧！」於是，這位富翁就跟妓女商量，妓女說：「女人總是要落葉歸根的，但是嫁人作妾，將來即使生了兒子，也是庶出。庶子很難承繼父業，那末將來人老珠黃時，生活也沒有保障，是以我也有我的打算。」

　　姓魏的富翁問她怎樣打算？妓女說：「我打算再捱兩年。然後離開香港，回到家鄉去物色一個窮書生嫁給他為妻，要嫁，當然要做正室，這個社會，妾侍是沒有地位的。這是我一向保持賣藝不賣身的原因。我知道你對我好。我也十分歡喜你，但你已有夫人了，我又不能也沒有意思要你休妻，不敢幹這種大逆不道的事，但我總是擔心一旦進了你的門，就要守婦道，以後就不能賣藝的了，將來人老珠黃，怎辦呢？你也得好好地為我設想才好。」

　　魏翁說：「這個當然，我給你五百兩黃金好不好，你有五百兩黃金在手，以後就不怕了。」妓女搖頭說：「我是知書識禮的。要錢來何用？」魏翁道：「黃金就是最好的保證，我知道你們女人的心理，第一是擔心我將來會變心，第二是怕將來沒有兒女，晚年不知怎樣生活，第三，有了子女又怕他們將來不孝順。自己有黃金在手，甚麼都不怕了，為甚麼說沒有用呢？」

　　這位妓女說：「難道你不知道有『七出』之條麼？《大戴禮記》

說：『婦人七出：不順父母，為其逆德也；無子，為其絕世也；妒，
為其亂家也；有惡疾，為其不可與共粢盛也；多言，為其離親也；
竊盜，為其反義也。』你給我五百兩黃金，將來人家怎會相信這
些黃金是你給我的呢，一定是說我竊盜你的錢，才有這麼多黃金，
這豈不是犯了『七出』之條嗎？是以我說錢沒有用。」

據說這位魏翁如此迷戀這位妓女，是她既有姿色，又識文墨，
讀過很多書，能詩能文，是當時水坑口一位名妓。

魏翁見她說得頭頭是道，不肯要五百兩黃金，便問她要甚麼？
她又說：「我只求一個保證，也不知怎樣才能保證，你為我想想
吧！」魏翁說：「除了錢，還有甚麼更好的保證？」名妓忽然說：
「你能買一條街的樓宇給我作為保證，我就嫁給你做二奶吧！」
魏翁聽了，忙說：「好，就這樣一言為定，我就把一條街的屋宇，
全送了給你。」

原來魏翁當時在九如坊買了幾幅清理山坡的地皮，建了一列
小屋出售，由於這地皮的面積不大，要留出一條行人能出入的道
路，所建的屋宇面積更細，是以很久未曾售出。他就靈機一觸，
把這一列屋宇送給她，作為下嫁的條件。這一列小屋在一條街上，
這一條街，就是安和里。

這位名妓於是嫁給那姓魏的富翁作「二奶」，而她就成了安
和里一列屋宇的主人。這件事曾經轟動當時香港華人社會，人人
都說魏翁大手筆，送一條街的屋宇給紅牌阿姑，娶她為「二奶」，
因此就把這一列屋宇所在的街道，稱之為「二奶巷」，意思是指
出這條街的屋宇，是魏家二奶所有，傳為美談。

這種傳說是我在 1944 年於澳門從一位避亂的羅姓香港富翁口

中所聽到的。1941 年末，香港淪陷，香港很多富翁都逃到澳門避亂。到 1944 年，香港開始受盟軍飛機轟炸，有更多富人到澳門來暫住，他們常和筆者會面，也喜談談過去香港的掌故，關於「二奶巷」的傳說特別多，除了這一傳說之外，另有一位老香港又有另外的一種傳說。

弄璋竟獲一條街

另外的一種傳說就更為有趣，而且也合情合理，十分生動。這傳說的內容是這樣的：光緒初年，香港有一位姓劉的鴉片煙商，當時香港稱專利鴉片商的公司為「公白行」，因此這位煙商有個綽號叫「劉公白」。專賣鴉片，自然很富有，當時香港的有錢人，沒有幾個是不納妾的，這位「劉公白」自然也不例外。可是，他的太太非常惡，是一位「老虎乸」型的婦人，她就是怕「劉公白」納妾，每晚規定他要回家，若到了晚上十二時後才回家，就大吵大罵，非常狠惡。但這一來，「劉公白」就更需要一位溫柔體貼的妾侍了。

劉太雖惡，可是她並不生男，偏偏生女，懷了幾胎，分娩仍是女孩子，「劉公白」更加需要一位能夠生男的妾侍了。

當時有些商人，常常到水坑口的妓院去應酬，因為那些妓院都是高級的妓院，妓女都以「歌姬」的名義陪客，因此商人們大多把妓院視作為商業應酬的地方。「劉公白」在其中一家叫宜春院的妓院裡，認識一位「歌姬」，一見鍾情，便不惜重金把這位

「歌姬」包下來。他每天下班就到「歌姬」的房間去和她溫存一番，晚上就按時返家，他的「老虎乸」並不知道這件事。可是，那「歌姬」不久便懷孕，「歌姬」和鴇母便要他正式把她納為妾侍，否則怎樣處置那腹中塊肉？可是「劉公白」卻怕老婆，怎辦呢？倒是鴇母教他如此這般去應付惡妻，「劉公白」於是依計而行。幾天後，他帶同老婆回鄉省親，並在鄉間參加祭祖儀式。

「劉公白」帶同他的惡妻回到家鄉，他的父母和鄉中叔伯都向劉太質問：「是不是你不准『劉公白』納妾，你可知道劉家要人繼承香燈，你又不爭氣，不生男只生女，你若再阻止的話，我們全族把你拉去衙門，由縣官作主，把你『出』了！」這位惡妻，平時惡慣了竟然動手打叔伯和家姑，這麼一來，鄉中父老便叫鄉勇，把她拉到衙門來，控以毆打家姑和叔伯之罪。

到了衙門，這個惡婦看見兩邊拿著刑具的差役，早已嚇得哭起來。正所謂公堂之上，刁斗森嚴，惡婦第一次見到這等場面，已惡氣全消了。縣正堂把驚堂木一拍，喝問惡婦：「可知法例規定，婦人有七出之條麼？你打傷家姑，已經是大逆不道，犯了七出之條，再加上至今仍無嗣子，更是罪加一等，人來，把她先打三十大板！」聽到要打屁股，惡婦立即叩頭求饒。「劉公白」這時也代為求情，那縣正堂又是把驚堂木一拍，喝道：「聽說你縱妻如虎，把這個婦人縱壞了，竟敢打傷家姑，又聽說你本應納妾，以求嗣子，被這婦人一喝，你就不敢納妾，可有此事？」「劉公白」期期艾艾。旁邊的父老一致指出，惡婦打人，正是族長勸她准夫納妾，不料她不答應，還要逞兇。惡婦這時一則怕打，二則怕縣官逼她離婚，於是叩頭求情，說甚麼都答應。縣正堂便叫師爺寫

了供詞，叫她打指模及簽押，最後宣佈，如果她惡性不改，自會派人到香港把她拘回來，再打六十大板。惡婦最後只好一一答應，這幕活劇，便告一段落。說也奇怪，經此一役，惡婦的惡氣竟自此全消。

回到香港之後，於是「劉公白」就大排筵席，娶了那位妓女為「二奶」。這個妓女，倒也能夠尊敬大婦，正是一家都和平安樂，「劉公白」大為快慰。到那妓女臨盆的時候，誰知生下來的，又是一個女孩。

不過，那妓女仍很年輕，而且生產順利，「劉公白」並未失望。過了幾個月，「二奶」又懷孕了，「劉公白」便說：「如果這一胎生出來的是男孩，就買一條街送給二奶，作為獎勵。」哪知幾個月後，大婦又懷孕了。大婦問道：「如果我這一次生的是男孩，是不是也買一條街送給我？」「劉公白」道：「當然，如果你生男孩，你那一條街，一定大過給『二奶』的那一條！」

「二奶」先懷孕，自然先臨盆產子，這一次，當真是生了一位男孩。於是他便買了一條小巷的樓宇給「二奶」，他把這條小巷，稱為「安和里」，因為，自從娶了「二奶」之後，一家安安樂樂，和和氣氣，現在又生下男孩，正是老懷安慰。

不料幾個月後，大婦又生下一個男孩，「劉公白」更加大喜，因為大婦生的是嫡子，在封建社會裡，嫡子比庶子更為寶貴。大婦於是問他：「二奶生仔你送一條街給她，我現在生仔，你說送一條大過二奶那條街的樓宇給我，你打算送哪一條街給我？」「劉公白」向當時的建築商查問，有哪些新發展的街道，建築商便介紹他買一列新建的樓宇，樓宇都是三層高的小型屋宇，位於橫街

之上，他便買了送給大婦。

香港早期的橫街窄巷，多由居民自動命名，有些則是由街巷上的大業主命名的。

香港很多古老的橫巷和里弄，用的是中國化的名字，這些都是初期發展商，在建成樓宇之後，為了推銷方便，先取一個適合華人習慣的名字，有些街巷，則是由巷內最大的業主命名的，「劉公白」送給大婦的那條小巷，當時還未命名，就由「劉公白」命名。

「劉公白」已將街上的大部分樓宇買來送給大婦，他為了討好大婦，便問她那條街，叫甚麼街名好呢？大婦問道：「你送給二奶那條街叫甚麼名？」「劉公白」道：「叫『安和里』。」大婦便道：「豈有此理，難道你不知道我的乳名叫和姑麼？把我的名字，放在第二位，你分明是偏心。」「劉公白」呵呵笑道：「那末你這一條街，就叫『和安里』吧！這樣，你的名字就在上面了。」

這個故事雖然是傳說，但「和安里」與「安和里」，的確是將「安和」與「和安」兩字合成，但「和安里」並沒有人叫它作「大婆巷」，只有「安和里」才叫它為「二奶巷」，這是甚麼原因呢？相信主要的原因，是當時坊眾們避免在記憶地址時產生混亂，把送給二奶的那條「安和里」稱為「二奶巷」，用以分別，以免誤「安和」為「和安」。因為兩條巷的名字都非常相似，很易混亂，將「安和里」叫作「二奶巷」，便十分清楚了。

這種傳說毋須考證是真是假，因為事隔百餘年，巷內的樓宇改建的改建，新建的又再拆建，不容易查出孰真孰假，不過兩種傳說，都是說「二奶巷」內的大部分樓宇，都是屬於一位「二奶」的，這應該是可信的事實。

　　至於「二奶巷」的「二奶」，其夫到底是姓魏還是姓劉的，就更加不易辨明。我曾從一些光緒初年的文獻，引證這位「二奶」是哪一位富翁的。不料檢閱文件的時候，發現同一時期的富翁，有姓魏的，也有姓劉的。於是更無法去考證了。《郭嵩燾日記》第三卷 817 頁，記光緒五年（1879）農曆二月二十九日他由歐洲返國時，先抵香港的情形。這一段日記，記載當時香港富翁們和他酬酢的經過，其中一節記云：

　　　　廿九日（按為農曆二月）八點鐘抵香港……酬應頗形煩冗。香港總督亨得利派坐船及車迎迓，且約飯，以李逸樓先約飯，並為預備信宜公司為稅駕之所，因辭亨得利約飯而先往一談。所藏宣德法蘭磁器及成化青花磁器甚富，並導引一觀。隨就陳瑞南、李逸樓。聞劉錫鴻議論，奸人傾險，幾於無所不至。中國乃有此種人，可怪可嘆！

三十年代和安里近德己立街路口的賣茶小販。

和安里原是一條小巷，該處的土地神壇幾經滄桑後仍見保留。

　　這段日記中「聞劉錫鴻議論」中的劉錫鴻，疑即傳說中的「劉公白」，因為姓劉的當時經營的正是「公白行」，他的「公白行」叫全興公司，當時他是香港富翁之一，作李逸樓和陳瑞南的陪客，在信宜公司內為郭嵩燾設洗塵之宴。

　　李逸樓和陳瑞南，都是當時本港的富翁，他們也是東華醫院的創辦人，李逸樓名萬清，是禮興金山行的東主。陳瑞南名桂士，是瑞記洋行的東主。《東華三院九十年來大事記》載云：

　　　　一八七零年（同治九年庚午）由香港殷商僑領梁雲漢、李璿、陳桂士等十三人倡建東華醫院於香港上環普仁街西面地段，是年四月九日奠基，至一八七二年（同治十一年壬申）落成，二月十四日由港督麥當奴制軍主持開幕禮。

又載云：

　　　　一八七一年（同治十年辛未）是年，仍由發起籌建東華醫院負責人梁雲漢、李璿、陳桂士等十三人籌募捐款建築醫院。

　　倡建東華醫院的殷商中的陳桂士，就是《郭嵩燾日記》所記的陳瑞南，這是當時本港著名的富翁之一。李逸樓之名，見於《東華三院九十年來歷屆總理芳名》中，其 1872 年（同治十一年）壬申總理芳名如下：

主席莫士揚（彥臣）央喝洋行。首總理黃家猷（澍
棠）鐵行洋行。首總理陳兆祥（瑞生）麗源公白行。總
理馮普熙（明珊）壳洋行。總理李萬清（逸樓）禮興金
山行。⋯⋯

這是李逸樓名萬清，是禮興金山行東主的證明。至於劉錫鴻，
疑即劉錫鏞之誤，因為《東華三院九十年來歷屆總理芳名》中，
1875 年（光緒元年）乙亥總理芳名中，有一位劉錫鏞，字在東，
是全興公白行東主，不知是否這個人。因為郭嵩燾是湖南人，聽
廣州話可能把「鴻」、「鏞」二音混而為一，但亦不排除另有其人，
總之，當時能和郭嵩燾設宴洗塵的香港華人，不是極富者，亦必定
極有名望，否則郭嵩燾不會推辭港督的約會，而參加他們的約會。

但是《郭嵩燾日記》中，又提到香港當時有魏姓的富翁，他
在 1879 年（光緒五年）農曆二月三十日的日記中記云：

三十日，亨得利原約信宜公司回拜，至是來言，必
登舟為敬。⋯⋯香港華人以李逸樓為首富，次魏姓，次
郭姓，即所謂郭青山也。王子潛見贈《瀛壖雜誌》、《弢
園尺牘》，陳瑞南見贈《東華醫院錄》。

這段日記說李逸樓是首富，其次是魏姓，再次則是郭青山。
獨魏姓沒有名字列出，不知是何許人。總算找到一些與傳說有關
的資料。

順便談談這段日記所談及的香港早期人物。亨得利即是軒尼

詩（John Pope Hennessy, 1877–1883），郭嵩燾是將 Hennessy 省去尾音，譯為亨得利。1879 年是軒尼詩任港督期內，郭嵩燾前為廣東巡撫，當時是代表中國到英國訪問後回港的，軒尼詩特地親自迎接，並到船上回拜。

郭青山名兆春，是南北行大商家，他的商號名發興行。王子潛就是王韜，是當時香港《循環日報》的主編，他所送的兩本書都是他的著作。「弢園」是他的別號，他將來往書信編成一書名《弢園尺牘》。從他贈書給郭嵩燾，以及郭嵩燾對他的禮遇，可以更正前人對王韜的各種傳說，例如說他被清政府通緝，他不敢回國等等，如果真有其事，郭嵩燾決不敢跟他來往。

陳瑞南即陳桂士，是東華醫院創辦人，他所贈的《東華醫院錄》，相信是屬於東華醫院開幕的徵信錄及紀念特刊。聽說這本書在東華三院文物室也找不到。

由於無法考證姓魏的富翁是誰，又由於無法證實「劉公白」是誰，是以傳說仍然是傳說，不能當做事實。不過，我們根據地名學上一些基本常識，亦可以從傳說中研究哪一種傳說較可靠。例如「二奶巷」，應當以這條巷的大部分屋宇是屬於一位富翁的「二奶」所有為較可信。因為只有這樣，才可以說明這就是「二奶巷」。

至於傳說姓魏姓劉，可能在口述時傳述有誤，或有些人在傳述時加枝加葉，說得特別傳神，或其中有些人故意將甲的事，說成是乙的事。那位「二奶」，也許不是姓魏的，亦可能並非姓劉的。總之，「二奶巷」是一位「二奶」的，應該沒有可疑。

「公白行」究竟經營甚麼？

這裡順便談談「公白行」這種行業，「公白行」是香港開埠之後，特設專利出賣鴉片煙土的公司的名稱，這種專賣鴉片煙土的公司，為甚麼叫做「公白行」，是值得一談的。「公」是指「公司煙」，「白」是指「白泥」。將鴉片煙土分成「公司」和「白泥」兩種。歷史悠久，在林則徐禁煙之前，這種分法已於廣州存在。

《林文忠公政書》第二集卷三，收有林則徐於虎門銷煙時向道光皇帝奏報的奏稿，奏稿中對於當時鴉片煙的種類，有如下的報告：

> 至煙土名色，亦有不同，其黑者曰公班土，聞係上等之煙；白土次之，金花土又次之。此次劈箱銷化，當將各色煙土分編號登記，大抵公班土、白土居多，金花土不及百分一。業已逐箱過秤，並口袋所裝者亦扣除箱袋，覈實淨煙斤兩……

從林則徐虎門銷煙的奏報文稿中，可知當時在廣州出售的鴉片煙，以「公班土」及「白泥」為最大宗。「金花土」是不入流的劣等煙土。「公白行」就是出售「公班土」及「白泥」的行莊。到底「公班土」是甚麼呢？「公班」即「公班衙」，是公司的英文字的譯音，當時英國鴉片煙販所經營的洋行，將鴉片煙土製煉成立即可以吸食的鴉片，這種熟鴉片的顏色是黑色的，名之為「公司煙」，故林則徐奏稿中說「其黑者曰公班土」。這是指已煮熟的

鴉片煙，是由洋行（公班衙）製成的，故稱「公班土」，因為煙已煮熟，是純正的熟鴉片煙，價錢較為昂貴，是以稱為上等煙土。

「白泥」是未煮熟的鴉片。鴉片是由罌粟花的果子中取出來的，罌粟在結果的時候，趁果子未熟，用一把爪型的刀，在果子面上把果子輕輕抓破，果子就從裂縫中流出白色的乳漿來，將這些乳漿收集起來，經過凝結，便成泥狀，這就是生鴉片，又名「白泥」。其實罌粟果被抓破時流出的乳漿是白色的，但凝結後已不是乳白色，只因它原本是乳白色的，故名「白泥」。一個罌粟果，一天可抓破裂痕一次，將裂痕流出的白漿收集後，次日又可抓破一次，直到抓破而不流乳白色的膠狀液體為止。

英國人在印度種植罌粟，取它的果漿來荼毒中國人，既將它製成黑色的熟鴉片，又將生鴉片運來中國，並不惜發動鴉片戰爭。香港因鴉片戰爭而開港，因此在香港開埠之初，即靠徵收鴉片煙稅來維持政費，徵稅的方法，是設立專利性的鴉片專賣公司。

這種專賣鴉片的公司，因既出售熟鴉片，又出售生鴉片，熟鴉片稱為「公煙」，生鴉片稱為「白泥」，商人為了不想人家説他賣鴉片煙，故取了「公煙」的「公」字，和「白泥」的「白」字，而稱他們的鴉片專賣公司為「公白行」。

有些研究香港歷史的年輕學者，在各種中文史料中發現了「公白行」的名稱，初時不知「公白行」到底是經營甚麼生意的，向上了年紀的居民查詢，才知道是專利賣鴉片的公司，但又不知何以稱之為「公白行」。這是筆者在這裡特別介紹的原因之一。

為甚麼當時香港既賣熟鴉片又賣生鴉片呢？這又要經歷過那個鴉片專賣時代，而又對鴉片煙有深入研究的人，才會明白。由

於這些資料在學術界知道的人不多，這裡不妨加以探討。

香港公開吸食鴉片時代，開了很多煙館，煙館是專門為有鴉片煙癮的人而設的。煙館之內，設有煙床，煙床上放有煙燈和煙槍，供癮君子吸食鴉片。由於吸食的時候，只吸進燒成煙氣的氣體，鴉片煙槍內，便留下燒焦了的煙土渣滓，這些鴉片煙的渣滓，一般人稱之為「煙屎」，行內人則稱之為「煙砂」。因為在清理煙槍和煙斗時，挖出來的渣滓，其形狀像中藥中的「夜明砂」，而「夜明砂」實際上是蝙蝠的糞便，因此稱之為「煙砂」，又名之為「煙屎」。

煙館是用這種「煙砂」來翻製熟鴉片，因此要向「公白行」買生煙中的「白泥」，用「白泥」加入煙砂，再煮成熟鴉片煙，煙館便獲利更豐，這是既賣「公煙」又賣「白泥」的原因。

另外一種原因，是將生鴉片「白泥」，偷運到中國內地去，由於「白泥」價廉，香港的煙稅又比國內為低，當時偷運鴉片到四鄉去的私梟，靠此圖利。是以公白行，既賣熟鴉片，又賣生鴉片。生鴉片和熟鴉片的銷量比較，熟鴉片不及生鴉片大宗，「公白行」亦以生鴉片為主要營業對象，有些「公白行」，出售熟鴉片只屬點綴式業務，出售生鴉片才是真正的業務。

由於生鴉片走私入內地極大宗，在香港購買生鴉片是合法的，將生鴉片偷運入內地，香港並不理會。因此香港並非只得一間專利的「公白行」，而是隨著走私活動的發展，不斷增加「公白行」的數目。到 1872 年，香港已由早期的一家「公白行」，而增加至兩間，我們可從《東華醫院歷屆總理芳名》中，找到 1872 年有兩位總理，同為「公白行」的東主，其一為陳兆祥，是「麗源公白

行」東主，另一為凌殿材，是「全貞公白行」東主。足見「公白行」雖是專利出售生熟鴉片的公司，卻並非由一家公司專利，只需肯付出專利稅和繳納鴉片煙稅，就可申請發給專賣鴉片的「公白行」的牌照。

談「二奶巷」的歷史，為甚麼會扯到「公白行」去？豈不是離題萬丈？原來，「二奶巷」的傳說中，既涉及一位經營「公白行」的人的「二奶」，同時，「二奶巷」也曾發生過一宗命案，而這件命案，是和一位「公白行」東主有關，這是筆者不得不先把「公白行」在香港的命名、史實、發展先詳細談談不可。假若不先行弄清楚在合法出售鴉片時代的一切，就很容易和毒販毒梟的勾當混為一談了。

議員陳言遏止鴉片專賣

到 1935 年，專賣鴉片的「公白行」已增至七間，而 1936 年財政司在提出預算案時，竟謂奉英倫之命，再增加六間，俾能大收鴉片煙稅，以彌補政費之不足；就是説，1936 年香港有十三間鴉片專賣所了。

當時非官守立法局議員布力架，對港府此種販毒增稅政策，發言攻擊。他在立法局辯論預算案時的演詞，中譯本載民國二十五年（1936）元月號《華商月刊》第 79 頁，其演詞云：

督憲大人：輔政司對預算案之演詞，其中兩語，使

吾頗感覺矛盾，敢請解釋。一謂奉理藩院命，在港增加
鴉片專賣所共六間，現有者為七間。但稅務司謂鴉片收
入，一九三六年預算，仍料低跌。來年預算鴉片項下有
卅萬元收入，本席認為過於樂觀。至可惜香港仍欲增加
鴉片專賣所，多認為如此辦法，殊欠理由。增加鴉片專
賣所，應有完善之解釋，究竟事之進行適當與否，誠屬
可疑問題。

在一九三五年九月六日，日內瓦有電文謂國聯會稱
讚中國政府關於禁煙問題，並希望中國政府能將鴉片現
象消滅。以此而言，香港方面應犧牲此種收入，此則予
民間裨益。如香港取消鴉片專賣，則可消減香港鴉片現
象。香港以前，對於社會不良事件，素據國聯會指導而
行，故關於鴉片問題，應有設嚴例限制之。

看了這一段布力架的演詞，便知道一個長達百年的香港稅收
史中，販毒抽稅這種可恥的行徑，並不因全世界均指責鴉片毒品
害人而稍有收斂，反而變本加厲。

香港政府雖然在 1936 年增加六間鴉片專賣所，但在中文的香
港史料中，「公白行」三字，早在 1916 年已不用。東華醫院總理，
歷屆均有「公白行」的東主擔任。擔任總理的都在芳名之下，寫
明某某公白行的，但到 1916 年丙辰年總理芳名中，已不見「公白
行」在總理芳名之下出現，這不是說香港已無專賣鴉片的「公白
行」，而是他們自覺販賣鴉片始終不是光彩的事，故在芳名之下，
只署「殷商」二字，於是「公白行」三字，就在歷史文獻中消失。

如果不是有 1936 年度財政預算案的辯論演詞留下來，很容易以為香港在 1916 年取消了鴉片專賣的販毒抽稅政策。

為甚麼 1916 年開始，專利販賣鴉片的股商不願在其名下署明某某「公白行」呢？考其原因，是和推翻滿清帝制之後，社會輿論推行禁煙有關。同時，國際上亦注意禁煙問題，因此國外均指賣鴉片煙毒害人類，掀起禁煙浪潮，香港經營鴉片專賣的商人，不願在其名下留下販賣鴉片的痕跡，自動要求東華醫院的文書不可在其名下署明為某某「公白行」，這是 1916 年以後，東華醫院總理芳名之下，只有「股商」而無「公白行」的原因。

研究「公白行」三字在 1916 年消失，不能不研究國際禁煙的歷史，考第一次世界性的禁煙國際會議，於 1909 年 2 月 1 日在上海舉行，這次會議，名為「國際鴉片會議」，共有十三國參加，計有中、英、日、法、德、意、俄、美、荷、葡、奧匈帝國、暹羅、波斯。

據羅運炎所著的《毒品問題》（1938 年，商務版，第 105 至 106 頁）所載 1909 年、由美國主催，在上海舉行的「國際鴉片會議」，有如下的記載：

　　　國際禁煙會議，始於一九零九年之上海禁煙會議。當時國際聯盟尚未成立，各國有識之士，雖明知毒品已成國際問題，但亦苦無法應付。嗣因菲島改隸美國管理，美政府屬行禁煙，成效卓著，風聲丕播，舉世騰歡。菲島主教布蘭特（B. C. H. Brent）氏鑒於該國以往之成效，乃向美國總統羅斯福氏建議召開上海國際禁煙會議，謀解遠東吸煙問題。羅氏深為嘉許，乃命國務卿羅特氏（S.

Root）邀請列強參與會議。列強從其所請，遂於一九零九年二月一日在上海舉行國際鴉片會議。被邀出席之代表，初僅限於在遠東有殖民地之諸國，如英、法、德、俄、日、葡、荷蘭等國，嗣經審慎考慮，咸以鴉片問題關係甚廣，凡屬鴉片出產國，麻醉毒品製造國，鴉片吸食國，均應參與會議。否則難期徹底。於是中、日、英、法、德、意、俄、美、荷、匈、奧、暹羅、波斯等國均被邀請。計到代表共十三國，濟濟一堂，誠盛會也。會畢，通過決議案凡九條。

這是世界上第一次討論禁止鴉片販賣、吸食以及改製其他毒品的國際會議，由於英國亦參加，香港各報均有報道這次會議的情形，會議通過的九條議案，其中第一條為：「本會議承認中國政府真誠努力禁煙，及中國民眾的拒絕吸食鴉片已有顯著的進步。」

此外，上海禁煙會議議案中的第七條，為當時香港報紙立論攻擊鴉片專賣及煙館開設的基礎，這一條的條文是：「本會議竭誠懇求，凡在遠東有屬地之各國，對於其屬地內之煙店，如尚未施行斷然處置辦法者，及早仿行其他國家已經採行之步驟而封閉之。」因此，在香港專利賣鴉片煙的殷商，已開始感覺到經營這種買賣，是不光采的事了。

孫中山先生頒令禁煙

1911 年辛亥革命後，孫中山先生就任臨時大總統時，頒佈禁煙命令，其文云：

> 鴉片流毒中國，垂及百年，沉溺通於貴賤，流衍遍於全國。失業廢時，耗財損身，浸淫不止，種姓淪亡，其禍蓋非敵國外患所可同語。而嗜者不察，本總統實甚惑之。自滿清末年漸知其疾，種植有禁，公膏有徵，亦欲剗除舊污，自蓋前蠱。在下各善社復為宣揚倡導，匪引不逮，故能成效漸彰，黑籍衰減。方今民國成立，炫耀宇內，發憤為雄，斯正其時。若於舊染痼疾，不克拔滌淨盡，雖有良法美制，豈能持以圖存，為此申告天下，須知保國存家，匹夫有責，束修自好，百姓與能。其有飲鴆目安，沉湎忘返者，不可為共和之民，當咨行參議院於立法時，剝奪其選舉與被選舉一切公權，示不與齊民齒。並由內務部轉行各省都督通飭所屬官署，重申種吸各禁，勿任廢弛。其有未書事宜，仍隨時籌畫舉辦，尤望各團體講演諸會，隨時勸導，不禪勤勞，務使利害大明，起死知向，屏絕惡習，共作新民，永雪東亞病夫之恥。長得中夏清明之風。本總統有厚望焉。

孫中山先生北上就任臨時大總統前，曾先抵香港，並發表演說，極為振奮本港民心。他就任臨時大總統時宣佈上述的禁煙文

告，香港各中文報紙，無不全文刊登，影響及華人社會，人們對於吸食鴉片的人，均投以鄙視之目光，對專賣鴉片的殷商，亦均視為害群之馬。煙商已自感面目無光，羞於對人，更不欲市民知道他的財產，是來自販毒。1912 年 1 月，第二次國際禁煙會議，在海牙召開，這次會議目的是討論如何切實執行上海會議的九條決議。到會的代表，仍為上海禁煙會議的十三國，中國和英國都有代表參加。會議於 1 月 23 日簽訂《海牙禁毒公約》，這一條公約對於「公」、「白」，有詳細的說明。即將熟鴉片和生鴉片，以及由生鴉片提煉而成的海洛英、嗎啡、高根等毒品，均逐一下了定義，成為以後世界禁毒的法例藍本，現在的國際禁毒條例，均從《海牙禁毒公約》引申而成。

《海牙禁毒公約》全約分六章二十五條，載明所有國家國內的生鴉片之種植、生產、行銷、出口、入口，均應由各簽字國負責制定法例以限制之。至於熟鴉片，則規定各簽字國斟酌各國本國情況逐漸禁絕。

但《海牙禁毒公約》亦有漏洞，例如其中一條云：「鴉片之輸出輸入，亦應由政府許可之，遵照輸入國定章辦理。至已禁止或將禁止鴉片入口之國家，則絕對不許輸入。」就是說，如果當地政府未禁煙，仍可由該政府設專賣所，由專賣商人輸入鴉片。

香港政府就是根據《海牙禁毒公約》這一條漏洞，繼續在香港推行販毒徵稅政策，所以到了 1936 年，有七間鴉片專賣所尚嫌不夠，還要增多六間，繼續毒害香港人和中國人。這一群可恥的殖民地官僚，在香港歷史上，留下了無可原諒的罪惡烙印。

話雖如此，從 1909 年上海禁煙會議，到孫中山先生就任臨時

大總統時的禁煙文告，再加上《海牙禁毒公約》，在內外夾攻之下，鴉片煙專賣商，已不敢明目張膽，自稱為「煙商」了。特別是孫中山的文告中，提到凡吸食鴉片的人，都褫奪他們的選舉權和被選權。專賣鴉片的煙商，有了錢都想捐一官職來光宗耀祖的，看見文告中這樣嚴厲對付鴉片，自然不想公開承認自己販毒，是以到了 1916 年，煙商自動要求各種文書及紀錄，都不要在他們的名字之下，記下他們是賣鴉片煙的。這是東華醫院總理芳名，到 1916 年起，煙商的名下，已不再見「某某公白行」字樣的原因。

《東華醫院己巳年徵信錄》內，有「歷任總理芳名」。其中由辛亥年（1911）至乙卯年（1915）均有「公白行」東主任總理，而丙辰年（1916）則無。茲將其最後五位「公白行」總理列出於後：辛亥年（1911）總理，有梁霈澤，字樹泉，為「怡和昌公白行」東主；壬子年（1912）總理，有劉卿芳，字啟祥，為「廣福源公白行」東主；癸丑年（1913）總理，利希慎為「裕興公司公白行」東主；甲寅年（1914）總理，葉允鴻為「公和隆公白行」東主；乙卯年（1915）總理，林拱北為「佑昌隆公白行」東主。

林拱北是東華醫院總理中，最後一位標明為「公白行」東主的人，而癸丑年（1913）總理之一的利希慎，是「裕興公司公白行」的東主，這一位利希慎先生，和「二奶巷」的歷史有關，這就是筆者在談「二奶巷」的歷史時，特別談及鴉片問題和「公白行」命名的原因。

名流利希慎遭刺殺

1928 年利希慎被兇徒開槍刺殺於「二奶巷」近大道中的巷口處，當場中彈殞命，兇手逃去無蹤，當時港中各報，盛載其事，稱為「二奶巷口兇殺案」。

這件兇殺案，是香港開埠以來最轟動一時的兇殺案，因為在此之前，沒有名流首富被人這樣刺殺。利君被殺之前，並無收到匪徒的勒索信件，亦無警告信收到。利君當時已向地產方面發展，他的地產公司，在大道中「二奶巷」口附近，被殺時，他是從公司步出，行抵二奶巷口就出事。由於始終未破案，故事後有很多傳說，其中一項傳說，就是和他的「公白行」的業務有關的。

關於利希慎被刺殺的事，何東爵士夫人張蓮覺女士，在她所著的《名山遊記》書末的「筆記」中，有如下的敍述：

> 民國十七年……利園主人利希慎君，慘遭非命，其夫人攖變切慟，痛不欲生。余以佛力不可思議，度脫輪迴，勸延聘棲霞僧眾蒞港，建水陸法會，超度利君，解釋冤愆。利夫人歡示同意，遂在利園啟建，志願誠懇，供養周備，功德完竣，並假利園畀眾打七一星期，及許與異日建萬人緣水陸之用。

張蓮覺女士是一位虔誠的佛教徒，二奶巷口命案發生後，她建議利夫人聘請棲霞山高僧來港超度利君亡魂，法會道場建於利園。利園在利園山，這座利園山現在已不復存在，它的位置相當

銅鑼灣渣甸街京華戲院，約 1955 年，即現時的希慎廣場旁的京華中心。
（由陳照明先生提供）

於軒尼詩道原來三越百貨公司的位置。[5] 當時是一座樹木青翠的小山丘，利希慎買了這座山丘，名之為「利園」，也曾在山上設利園遊樂場，港人通稱之為「利園」，它是二十年代香港小市民一處理想的遊樂場地。利園遊樂場內有亭台樓閣，有各種遊戲設備，有歌壇和劇場，也有小食供應，每逢假日，遊人如鯽。棲霞山高僧來港，就在這座山上設道壇，超度利君。開壇達七晝連宵，即所謂「打七」。

　　「二奶巷」本來是清末時流行於香港民間的稱謂，民國以後很多人都不知「二奶巷」即安和里，及發生了「二奶巷口命案」之後，「二奶巷」之名又名噪起來，因報章連日報道「二奶巷口命案」，很多人都到「二奶巷」來，看看這條陋巷的廬山面目。

　　「二奶巷」原為由大道中至九如坊的一條捷徑，九如坊有一間九如坊戲院，就在「二奶巷」的另一端巷口的東側，這間戲院在二十年代常常上演省港著名的粵劇，很多當時著名粵劇演員都在該戲院演出過。到九如坊戲院觀劇的觀眾，多從大道中經「二奶巷」而到九如坊戲院，不懂得使用這條捷徑，則要從威靈頓街到鴨巴甸街轉入九如坊，走一條斜路而且走很多曲折的道路，不及走「二奶巷」為快捷。不過，「二奶巷」窄狹而污穢，它是一條用石板砌成的小巷，在很長期的時日內仍保存鄉鎮小巷的特點。

5　編者註：即現時銅鑼灣希慎廣場、利園一至六期、利舞台廣場、禮頓中心等的建築群。

「中國街」易名「萬宜里」

　　中國鄉鎮古舊的街道，全部是用長條石板鋪成，沒有下水道，污水都是在石板鋪成的街道旁邊或街中心流進地下去的。「二奶巷」的街道結構，正與中國古老市鎮的街道結構一樣，也是用石板鋪砌而成的。由於沒有下水道，污水在街道的石板明溝處流動，常常發出一陣陣難聞的氣味。因此，很多人雖知道「二奶巷」是到九如坊戲院去的捷徑，但都不願從「二奶巷」到九如坊戲院去，他們寧願多走一些曲折的道路，原因就是怕「二奶巷」的石板道路濕滑和臭氣薰天。用石板砌鋪街道，著名的有石板街。石板街即砵典乍街，這條街道的石板，又和「二奶巷」的石板不同，石板街的石板是橫砌而成的，即石板向東西兩方向鋪砌，一級高一級低，這是由於它是一條山坡傾斜的道路，用橫砌可免上下坡時滑倒，且可將雨水向兩旁流瀉。「二奶巷」的石板是直砌的，因這條巷的斜度不大，這種直砌石板路從前香港是很多的，在戰後初期仍保留不少，其中最著名的，是已經改作「萬宜里」的「中國街」。

　　「中國街」的街道結構和「二奶巷」相同，都是用石板直砌而成，即石板的方向是南北向，街巷的中央凹下去，兩旁則略高，這凹下去的一條石板，就是用作下水道用的明溝。故在未改為萬宜里之前，很多人說香港政府故意把一條又臭又狹的街道名為「中國街」，有點辱華之意，其實並非辱華，這種街道在香港開埠之初極為流行，只是當時其他街道已經改善，獨「中國街」未改善而已，其後，這裡興建萬宜大廈，街道結構已改，並易名「萬宜里」。

　　「二奶巷」的石板結構可說改得很遲，比「中國街」還要遲，這是因為「二奶巷」原是一條小巷，地皮發展不及其他石板結構的街道較早發展之故。

　　正因「二奶巷」的街道環境改善得遲，到了第二次世界大戰之後，新來香港定居的居民，很多都不知道「二奶巷」的存在，這是由於九如坊戲院已拆卸，「二奶巷」失去了一群走捷徑的人使用，這條小巷已甚少人經過，認識的人越來越少，只有老香港居民才知有條「二奶巷」，到六十年代後期，新一代的青年人，更加不知有條「二奶巷」了。

　　最後談談另一位朋友提供有關「二奶巷」得名的傳說。這位朋友指出「二奶巷」距威靈頓街口不遠，在光緒年間，威靈頓街有一間杏花樓，這杏花樓的下午二時後的茶市，是媒人婆介紹娶妾侍的人到杏花樓「相睇」的時候，媒人婆帶著甘願嫁人作妾的婦女到杏花樓「相睇」，飲完茶之後，一定帶著那位可憐的婦女急急腳轉入橫巷去，而這條橫巷就是「二奶巷」，由於妾侍即二奶，故把這條巷叫「二奶巷」云云。

　　香港早期的茶樓，有多間都設有「睇二奶」的茶市，不限於杏花樓，這一傳說可能是事實，因為那個時代女子因家貧而願意嫁給人作二奶，到底有點羞恥心，在「相睇」之後，自不願在通衢大道上讓人見到，飲完茶之後匆匆轉入附近的橫巷，是合乎情理的，不過說「二奶巷」因此而得名，則又似乎太牽強。總之，「二奶巷」反映了香港前期的婚姻制度，仍然行中國封建制度的一夫一妻多妾制。

旭龢道與羅旭龢的生平

有辮派和無辮派

　　以前很多人不知道有條香港大學路，因為這條馬路在政府出版的舊街道地圖上，並無中文譯名，同時，這條路是屬於「R」路。「R」在政府街道圖上，是限制公路的符號，即這條路只准特許汽車行駛，而一般汽車均禁止入內，因此一般人不知道有這條路。

　　香港大學路的英文名為 University Drive，它並不是直通到香港大學去的馬路，馬路只通到香港大學背後的山上，要由路邊的小徑，步行才到香港大學去的，而這一條路的路口，則和旭龢道相接，兩條路都是屬於半山區的道路。

　　旭龢道的英文路牌，寫著 Kotewall Road。由於 Kotewall 是個西人的名字，因此很多西人認為這一位先生也是西人，不知這位先生是中國人，這條路就是以他的名字命名。

舊時的旭龢道上，依然見到戰前興建的歐式樓房。

　　他的中文名字是羅旭龢，亦寫作羅旭和，但他的英文名字，則寫作 R. H. Kotewall，是以從英文名字上，無法看出他是華人。旭龢道以羅旭龢的名字命名。原因有二：第一，這條路的一段，是因為羅旭龢在該處建屋居住而開闢；第二，是因為羅旭龢對香港有所貢獻，因此以他的名字命名。是以研究此街道命名來由，不能不談談羅旭龢的歷史。

　　羅旭龢於 1880 年在香港出生，童年時在香港受教育，先後在拔萃及皇仁兩書院肄業。當時在香港英文書院讀書的中國學生分成兩派，一派是有辮派，一派是無辮派，有辮派即在兒童時期梳辮，無辮派則童年不留辮，羅旭龢則是屬於無辮派。

　　學童留辮與不留辮，在於學童的父母對稚子未來前途的期望。留辮的是準備學成之後，回鄉應鄉試，向科舉之途邁進。不留辮的，是父母對科舉不作幻想，希望他們繼續在香港謀生。那個時代對留辮與不留辮有很多不正確的批評，認為留辮的才是中國人，因為辮子是國家的髮型，不留辮的就是假洋鬼子。這種不正確的批評，魯迅在《阿 Q 正傳》中也曾揭露。

　　羅旭龢在皇仁書院中讀書時，是不留辮派，不留辮就要將髮型剪成和「番鬼仔」的髮型相同，很多不留辮的中國學生，亦不例外，因此他們都取一個英國式的名字，R. H. Kotewall 就是羅旭龢在這個時候所取的名字，這個名字和「旭龢」的廣東音相近，但看起來卻像個西人。

　　那個時代香港的富有商人，都會在家裡聘請一位老師宿儒作西賓，在家裡專責教子女讀中國經書。羅旭龢亦不例外，學校雖有中文課本，但並不正規，他的中文是由家中的老師傳授的，因

此他畢業之後，就在警察局擔任通譯，這種職位，稱為「四等文員」。

羅旭龢就是在警務處任四等文員出身的。這是清末香港一般書院學生晉身社會的途徑，很多人就這樣工作下去，直到退休。羅旭龢在警務處任文員時，由於不斷接觸「警例」，通過多次考試，由四等文員升為一等文員。到 1913 年，他三十三歲，調往裁判司署工作，任首席文書。算起來，他已經擔任這種文員工作，有十五年之久，他知道以自己的學歷來計算，差不多已到頂點。

因此，羅旭龢在裁判司署任職三年之後，於 1916 年辭職不幹，向商場發展。

香港音響業的始祖

羅旭龢承繼父業，創辦了「旭龢洋行」，行址在舊日華人行六樓，當時留聲機器從外國傳入中國，銷路極好。旭龢洋行將外國留聲機器運來出售，成績最佳。由於羅旭龢對音樂有特別興趣，對留聲機器和留聲機的主要發聲的唱片，曾加以研究，這樣就為香港日後的音響業奠下基礎。他利用香港木工的優良技術，從外國運來留聲機的主要部件回來，在香港用柚木製成外殼，於是出現了很多款式的「櫃機」，這些留聲機器像一座柚木櫃那樣，可作客廳的主要傢俬擺設，這種櫃型的留聲機，對富有人家在家裡學跳舞有很大的方便。另外，也有柚木外殼的櫃面的留聲機。

這種只從外國運原件回來，在港裝嵌外殼的音響設備，後來

收音機、電唱機，以及現在的音響組合的外殼，都是在香港製造，算起來，始創人應是羅旭龢。

由於留聲機器必須用唱片，因此他也從外國買來一批灌錄唱片的設備，在香港開設一間全華資的唱片公司，這間唱片公司很有名，至今仍有很多粵曲粵劇界老藝人，仍記得這家公司的名字，它就是「和聲唱片公司」。

當時還未有「時代曲」，音樂領域不像現時那樣廣闊，成立一間唱片公司，灌些甚麼唱片呢？原來，在和聲唱片公司成立之前，香港已有一家以雄雞為標誌的唱片公司（它的名字叫「百代」）在香港灌錄唱片。

「百代」由於創立最早，資本雄厚，早已聘請著名的粵劇紅伶來港灌錄粵曲唱片。當時著名演員如武生靚榮，丑生王思容，花旦千里駒、肖麗章，文武生靚新華等，都已被羅致，錄成唱片。「和聲」成立，是走另一條路線，以避免劇烈的競爭。

當時香港的娛樂場所，除了戲院上演粵劇之外，還有先施公司天台上演唱粵曲，以及茶樓的唱女伶和唱瞽師，還有愉園的歌壇等，都是有一定數量的擁護者，他們所唱的粵曲，很多都是流行的。當時有一位專唱南音的失明藝人鍾德，更加是省港澳聞名，每次來港演出，都哄動一時。走通俗路線的和聲唱片公司，就專門請了這位德叔灌錄唱片。

原來這位失明藝人德叔，十分迷信，認為聲音被收錄之後，他這把聲音，就被全部吸入唱盤裡面，以後他就會失聲，堅決拒絕錄音，羅旭龢派了很多粵曲界知名人士邀請他灌錄唱片，他都堅決拒絕。後來還是羅旭龢想出一個好辦法來，他親自去找德叔，

説他的太太最欣賞他的曲藝，請他回家，彈奏一曲《祭瀟湘》，酬金多少，由他開價。德叔常有接「私家局」的，因為當時的有錢人家的太夫人或太太，都歡喜聽他唱南音，但她們又不願拋頭露面上茶樓去聽，故願重金禮聘回家演唱，這種私人演唱會，名為「私家局」。德叔開了大價後，便由羅旭龢派轎子接他回家演唱。原來，羅旭龢已預設了最新的錄音設備，待他演唱之時，偷偷的錄了音。

事隔幾個月之後，德叔回到廣州去繼續演唱。後來，有一次到澳門演唱時，住在澳門的總統酒店內。有一晚，他回到酒店，忽聽得隔鄰有人唱南音，唱得和他一模一樣，他大為驚奇，按叫人鈴，把酒店的侍應生喚來，叫侍應走過鄰房去，問問是甚麼人唱南音，希望請他過來談談。侍應生去後，帶了一人進來，就說這是鄰房唱南音的住客。德叔問道：「閣下的歌喉和彈箏的技巧，和在下一模一樣，不知是從哪裡學來？」

那人道：「剛才的一段南音，並不是我唱的。」德叔問道：「那麼是誰唱的呢？」那人道：「你想知道，請你先唱一曲《祭瀟湘》給我聽聽，我才肯説出真相。」於是德叔只好就在房中，唱出一曲《祭瀟湘》來。他為了表示自己寶刀未老，特別唱得傳神，唱完一曲之後，那人說：「你的歌喉，比幾個月前我在香港請你回家演唱時，更加傳神，更進一步，你還記得那次演唱麼？我就是請你回家演唱的羅某人了。」

德叔道：「原來是羅翁，失敬失敬。現在請你告訴我，剛才唱南音的是甚麼人？」羅旭龢告訴他，唱南音的正是德叔你自己，剛才是將幾個月前的錄音重播出來罷了。重播的原因，只是為了證明，錄音不會將你的聲音收去，幾個月來，德叔的聲音未曾失聲，

就是剛才唱的一曲，比幾個月前更加動聽，所以德叔大可以放心，接受和聲公司的條件，將你的歌喉，傳遍世界，並且留之永久。德叔這時，才相信錄音不會使人失聲。於是答應了錄唱片。

英皇子觀看「番鬼佬」粵劇

這個故事雖然是傳聞，沒有甚麼文獻可資引證，但這件掌故反映了兩件真實的事實：第一，是羅旭龢喜愛音樂，對廣東傳統音樂頗有研究；第二是和聲唱片公司出品的唱片，都是走粵曲和廣東音樂的通俗路線。前者，有文獻可徵引，就是一套英語粵劇《鑒叔》尚留存人間，這是羅旭龢編撰的劇曲。後者有和聲唱片公司各種唱片為證，這些唱片都是當時在歌壇茶座上唱粵曲的女伶人灌錄而成的。

《鑒叔》一劇，英文劇名：*Uncle Kim*，是羅旭龢於 1921 年寫成的英語粵劇。他一向認為，外國人沒有辦法欣賞粵劇，主要是受到語言的障礙，如果多編一些英語粵劇上演，西人聽懂了曲詞，自然知道很多排場和曲牌的作用，以後到戲院去看粵劇，也易明白。例如騎馬動作，當西人看慣了英語粵劇後，就知道演員拿起馬鞭就是騎馬。又如《哭相思》的牌子，看慣了之後，聽到了那音樂，就知道劇中人在哀號。有幾位懂粵語的外籍傳教士，極同意他的觀點，也著手編英語粵劇，成為香港獨有的一種戲曲。

1922 年，英皇子愛德華訪問東南亞，途經香港，當時也由羅旭龢編成英語粵劇，請王子欣賞。當時所編的英語粵劇，是根據

舊劇本《莊周蝴蝶夢》改編而成的，觀眾大部分是西人，包括港督和西商會的洋行大班，他們事後都表示，看了這齣戲，才知粵劇是甚麼。

　　1923 年羅旭龢被選為香港立法局非官守議員，代表華人參與立法局會議。當時立法局的中文譯名，譯作「定例局」，而「定例局」的華人議員，則又通稱為「華人代表」。當時的香港是由一群頑固的殖民主義者統治，這些殖民主義者闖下了大禍之後，引起社會動蕩時，又要借助這些華人代表來設法緩和。我們研究香港歷史，必須了解這些社會背景，否則對於歷史上對香港有貢獻的華人，便不能有公正的評價，會一律把他們扣上「帝國主義走狗」的帽子。

　　在一個頗長期的時日內，治理香港的人大部分是英國的殖民主義者，他們以頑固而野蠻的方法管治香港，常常只考慮到「帝國」的利益而實施很多使人難以接受的政令。當一旦引起廣泛的反對時又往往以武力來鎮壓，等到認識鎮壓只能窒息香港時，就要由華人代表來進行緩和，把殘局收拾，重整社會秩序。表面上看，他們好像是被殖民統治者請出來的，其實在大多數的動亂事件中，他們是反對殖民統治者的橫蠻政策的，當野蠻鎮壓毫無結果時，他們才有機會出來收拾殘局。在每一次收拾殘局時，華人代表都能發揮其影響力，影響英國殖民主義者的施政方針。

　　羅旭龢出任立法局議員的時代，正是英國殖民主義者橫蠻統治香港的時代。1925 年爆發了聲勢浩大的省港大罷工，但殖民主義者還迷信武力鎮壓，派出軍隊在街上耀武揚威，又在沙面英租界開槍掃射罷工的香港工人，造成「六二三沙基慘案」。

　　英國殖民主義者闖下了大禍，使香港淪為死港，這時候英國才知道這種局面很難收拾。然而，仍有一群在殖民主義政策中發了財的既得利益者，仍迷信用武力可以瓦解省港大罷工，這一群殖民主義商人，大部分是「西商會」的會員，他們在「西商會」內集會，一致要求英國出兵攻打廣州，瓦解這個革命基地，這群迷信武力的英國人，還簽名上書英國，要求出兵。羅旭龢當時也是該會的會員，同時是西商會華語學會的監督，他在西商會推動華語運動。在開會員大會時，他反對以武力解決，很多英國人認為他不以香港利益為重，甚至說他同情罷工的工人。

　　等到再過幾個月後，英國一直避開不答覆出兵問題，西商會又發起召開全港「公民大會」，企圖再次促請英國出兵。這一次，羅旭龢才站出來演説，他説：「自從罷工之後，香港變成了死港，香港現在的問題不是軍事問題，也不是政治問題，而是經濟問題。請問：出兵是否能夠解決經濟問題？座上各位，有人能回答這個問題麼？」

　　座上的西人，沒有一個能夠回答。因為，要求英國出兵，那是解決軍事和政治問題，不能解決經濟問題。羅旭龢又説：「既然出兵不能解決經濟問題，相信英國也知道出兵不是最佳的辦法，是以通通沒有答覆。各位為甚麼還不領悟？竊以為，大家如果將出兵的要求，改為要求英國在財政上支持香港，這才是最佳的辦法，現在香港稅收沒有了，貿易沒有了，很多貧民連飯都沒得吃，正等待救濟！」

「銀舌」一動　英廷匯款三千萬

　　他又說：「現在很多人都懷疑英國是否支持香港，特別是一大批留居香港的華人，他們世代住在香港，並不跟隨罷工工人回廣州去，他們現在正處於水深火熱當中。做生意的人，無生意可做；置業收租的人，無租可收；靠出賣勞力的人，無工可做。百物騰貴，英國用甚麼來表示支持香港，令大家對香港有信心呢？除可用金錢來支持之外，還有甚麼比較實際的呢？照現在香港的財政狀況，英國必須援助三千萬元至五千萬元，否則不能解香港之危。我提議，大家簽名上書英國，要求英國以金錢來支持香港。」他的演說立即獲得全場鼓掌，於是上書英國，全體簽名，要求英國借款三千萬元至五千萬元。

　　英國當時已知道廣州政府是一個進步的政府，而且當時國共合作，進行北伐，目標是打倒禍國殃民的軍閥。經過第一次歐戰之後，英國的國力已經不如十九世紀時那般強大，出兵是完全沒有能力的，只能在經濟上支持香港，因此便撥出三千萬元，貸款給香港。

　　這一來，很多人都說這次獲得三千萬元借款，是羅旭龢的一篇演詞得來。有些文人為了討好他，說他這三寸不爛之舌，簡直是「銀舌」。舌頭動幾動，就令到英國匯來三千萬元。例如《香港華人名人史略》內，記羅旭龢這一次的演說云：「於是挺身而出，代表全港居民，向英廷請願，借款三千萬元，以解此厄……當全港官紳召集會議時博士痛陳利害……譽其舌為銀舌也。」

　　省港大罷工時，他曾多次與罷工工人代表會商解決辦法，由

於所謂華人代表，只是代表華人在立法局表示意見，並非有甚麼權力，在談到實際問題時，他無權答覆，故多次會商並無結果。

例如 1925 年 9 月 28 日，羅旭龢隨港商代表團到廣州和省港罷工委員會接洽時，罷工委員會提出的條件，實在使他們無從回答。罷工委員會提出的條件如下：

一、香港華人應有集會、結社、言論、出版、罷工、居住及舉行救國運動巡行之絕對自由權，被解散之工會恢復之。

二、香港居民不論中、西籍人士，應受同一法律待遇，務須立時取消對華人之驅逐出境條例，及笞刑、私刑等法律及行為。

三、香港定例局之選舉法應行修改，以增加華人之選舉權及被選權。

四、香港政府應制定勞工法，規定八小時工作制。最低限度工資。工會有締結契約，廢除包工制，女工、童工生活改善，施行勞工保險。制定勞工法例時，應有工團代表出席。

五、所有公私機關之罷工工人，一律保持原職工作，以後不得有政治及經濟壓迫等報復行為。

六、所有因罷工而被捕者，應立即釋放。不得驅逐出境。因涉嫌罷工而驅逐出境者，應立即獲得其回港工作之權利。

七、所有罷工期內因欠租而被拍賣傢俬雜物，須賠償其損失。

當時省港罷工委員會還提出了很多條件，這些條件都不是這個港商代表團能夠答覆的。他們只能聽取意見，將所提的條件帶返本港而已。據台灣地區出版的《中國勞工運動史》第三編記這一次會談，有如下的記錄：

粵港罷工問題，九月二十八日港商代表到穗與省港罷工委員會接洽，嗣因罷工委員會所提復工條件，港商代表認為許多關係政治、法律問題，代表團無權討論，因請先商恢復粵港交通，為罷工委員會否決，因之和談中斷。

當時香港的英國人，仍有很多迷戀從前炮艦政策時代的美夢，認為要用武力對付罷工，但華人則認為應用談判方法解決。其中兩位華人對英人的影響頗大，其一是曹善允，另一就是羅旭龢。他們在西商會發揮影響力，指出港商代表團赴廣州，帶回來的條件雖然是香港政府難以接受的，但已經打開了對話的局面，雙方已經開始了接觸，大家常常見面，就可以把僵局打破，勝於彼此對罵，無法解決問題。

對話勝於對罵這種意念自1925年9月30日他們從廣州返港後，一直在影響香港的英國人，甚至影響政府官員。及金文泰來任總督之後，這種觀念已在英人社會中漸漸普及。因此香港政府開始鼓勵香港華商再上廣州談判。11月1日，香港華商代表再赴廣州，與罷工委員會接洽。這次的華商代表由黃廣田任團長，他們在廣州和罷工委員會接洽的目的，是希望廣州派商人代表到香港來。

對話勝於對罵

省港對話就是由兩地的商人開始的，經過兩地商人的往來接

觸，互相溝通之後，亦對兩個政府都有所了解。首先是香港華商
了解廣州的國民政府是一個上軌道的政府，而且正在整軍經武進
行北伐。廣州市面相當繁榮，並不如傳說那樣混亂。對英國人很
多錯誤觀念亦可糾正，當時香港的英國人以為香港封鎖廣州，不
許洋米和日用品運往廣州可使廣州衰退。不知其他各國的貨船，
不經香港而直將貨物運往黃埔，廣州及中國的土產亦從廣州運往
外洋，廣州的經濟相當繁榮，並非英國佬所宣傳的那樣壞。

　　同樣，廣州方面極左的工人宣傳香港如何如何混亂，怎樣已
變成死港、臭港。通過廣州四個商會的代表來港接洽，他們也知道
香港並非如宣傳中那樣壞。香港的社會秩序已漸漸恢復，電車亦
行駛，對於欠租達六個月之久，而又無人居住的房屋，業主亦可申
請法庭進行封屋，將屋內傢俬拍賣，得款償還欠租。對於這些仍
然留港和仍繼續工作的華人，廣州一向視之為「帝國主義走狗」，
稱之為「涼血動物」。通過這次訪問，廣州商人才了解，無論任
何一個社會，都有人在這個社會內生根，無論這個社會如何動蕩，
他們都無法離開它，誰也沒有辦法令到一個城市的人全部走清光
的，因為他們走不動，既走不動就要生活，就要做工。

　　通過互相訪問，很自然就影響官方的態度，因此香港政府於
1926 年 3 月 8 日，派遣律政司到廣州，會同英駐沙面的領事，和
伍朝樞舉行正式會談。

　　兩地政府展開正式談判，省港大罷工終於結束了，可見「對
話勝於對罵」，雙方為解決問題而誠懇接觸，是有積極意義的。

　　羅旭龢對解決省港大罷工所作出的貢獻，在實際行動上是看
不出來，因為他並非官員，他只是代表華人在立法局聽意見的議

員，沒有實際能力去解決大罷工，但他是主張對話勝於對抗的人，他的影響力在這一方面，因此，罷工解決後的 1926 年，香港大學特頒贈法學博士名譽學位給他，從此，人人都稱他為羅博士了。

1927 年，他又獲贈 CMG 勳銜，這種屬於「荷蘭水蓋」的勳章幾乎凡屬華人代表都有，不算得甚麼。研究香港社會史，是不宜對這些勳銜過於重視，應研究這些獲頒勳章勳銜的人，對香港有多少實質上的貢獻。

羅旭龢有兩項工作影響到現在。現時香港樓宇是分層繳納差餉的，這種分層交差餉的制度，是由羅旭龢提出來，由港府加以施行，這是一項影響深遠的貢獻。另一項工作是對粵劇的貢獻。

先說差餉問題，「差餉」這個名稱是十分古怪的，驟看起來，好像這是為差人而籌餉的稅捐，其實它的性質是一種居住稅，並非只為警察費用而徵收。差餉之內，有清潔道路和清理垃圾的費用，有建設街市和公園的費用在內，同時也有水費在內，是一種很複雜的綜合性的稅項。

由於差餉的徵稅對象為房屋，因此最初徵收差餉時，與房屋的觀念有關，當時人們對房屋的觀念，是一幢為單位。

分層繳納差餉的提議

從前買賣樓宇，也是一幢一幢計算的，沒有分層樓宇出售，因此徵收差餉，亦以一幢樓宇為徵收單位。這種徵收制度，行之幾十年。

1931年世界經濟不景，香港亦鬧不景氣，香港的房屋出現了分層空置的現象。例如，一座樓高四層的樓宇，樓下和二樓有人租住，但三、四樓則無人租住，但業主則要繳交整座四層樓宇的差餉。這一來，很多業主都吃不消，其中很多只租出一層樓宇的業主，收這一層樓的租，都不夠交差餉。因此全港華人業主，要求香港政府減收差餉。

香港政府認為，差餉已經很低，所以無法減收差餉。華人業主於是聯合請願，發起減收差餉運動。後來，還是羅旭龢在立法局會議時提出，他認為目前的問題不在於差餉是否過高，或是否過低，政府若認為現時的差餉徵收額為合理，那麼最佳的辦法，是將目前擬定的差餉額，依照徵收差餉的樓宇的層數，將之分開。這樣，已經租出的樓宇，就可以照租值繳納差餉，未租出的樓宇，則可以不必繳差餉。

這個辦法，可以解決很多複雜的問題，以免一些業主只租出一層，收租只夠交四層樓宇的差餉。以後樓宇逐層租出，亦可逐層交差餉，將來渡過經濟不景氣的難關，樓宇出租上升，差餉自可大增，倘不景氣繼續，小業主亦可共渡時艱。他這個提議，合情合理而又合法，先受輿論界歡迎，繼而華人業主大多認為這等於減收差餉，亦表示歡迎。結果，香港政府實行了分層交差餉辦法，這辦法一直施行至今。

由於實行了分層交差餉制度，戰後才有分層出售樓宇制度，假若不是1931年羅旭龢提出分層交差餉，戰後分層出售樓宇便不會如此順利。當時也沒有那麼多大廈興建。

我們回顧一下香港戰前的大廈，都是在1931年之後興建起來

的，這是受分層交差餉的制度刺激起來的現象，假如差餉仍以一幢樓宇去徵收，誰肯將建築物建成多層的樓宇？

所以，研究羅旭龢的歷史，這是一項影響及眾的貢獻，這貢獻不是 CMG 勳章可以代表的。

另一項貢獻是對粵劇的貢獻，上文說過羅旭龢對粵劇有興趣而且有研究，並曾編過劇，創辦和聲唱片公司，但他對粵劇的貢獻，不在這一方面，他曾代表粵劇界向港府要求解放粵劇只限於同性演劇的局面。

長久以來，香港政府以保障和尊重中國傳統風俗習慣為口實，阻礙了很多進步的改革，其中當然有一部分頑固的華人，以及一些前清遺老在支持這種頑固力量，因此，對於演戲，仍然維持男女不同演的制度。

那時候，不僅是粵劇，還有演話劇，也是要用男子扮女子演出，或者，女子扮男子演出。在粵劇方面，就是全男班或全女班，全男班的花旦，都由男性扮演，全女班的小生，則由女性扮演。嚴格限制男女同班演出，這是香港粵劇及戲劇在 1933 年之前的情況。其實，不僅香港如此，在廣州、上海及其他大都市，仍然保持這種限制，這是阻礙戲劇發展的不良制度。

男女可以同台演戲嗎？

1933 年春，香港聖士提反書院舊生會，為母校演出話劇籌款，舊生會男女同學在排演話劇時，獲當時亨利・普樂議員的默許，準

備實行男女同台演出。亨利・普樂議員一向知道法例上並沒有規定男女不能同台演戲，只因男女授受不親是中國舊時的禮教，這種過時的禮教已經在民國後被打破，但香港一向由華民政務司負責監督這些風俗，如果有違這種風俗習慣的話，要向華民政務司申請，而華民政務司亦不敢擅作主張，他會召開華人紳衿會議，討論是否可行。華人紳衿會議是甚麼會議呢？就是「團防局會議」。

亨利・普樂是明白這種制度的，因此他找當任華民政務司商量，希望他批准聖士提反書院舊生會演出男女同台的話劇。華民政務司說：「這件事關係華人風俗習慣，要開團防局紳會議，若會議無人反對，才能批准的。」但是，團防局的華人紳士當中，有一位李右泉先生，他的封建思想極為頑固，只怕他會反對的。

亨利・普樂於是去找羅旭龢，將這件事告訴他，請求他協助。羅旭龢點頭，他說：「現在男女可以共舞，可以在泳場同泳，男女學生早已在同一課室讀書，為甚麼不能同台演戲？這件事包在我身上好了。」這裡，不妨先談談團防局的來歷。團防局是由四環更練而來的。香港開埠後，由於警察力量薄弱，各處街坊為了維持治安，紛紛組織更練館，負責巡邏和打更報時，這種制度，原是中國內地當時的制度。

清代中國的城鄉社會架構，亦因香港開埠而移植過來，因為香港居民大部分是中國人，香港整個社會，是由中國人組成的，因此國內的社會架構，也隨之而遷來。更練館和團練館，都是當時國內維持治安的民間機構，用以彌補官方力量的不足。香港初期的警察實力，薄弱得可憐，常常要靠英兵來維持治安，而英兵既苦於與華人語言不通，而且因為教育水平很低，常與居民磨擦。

所以，利用民間的更練和團練的組織來維持治安，是最好不過的，故各街坊均設有更練。

　　更練的經費，是由街坊捐款支持的，誰去通知坊眾支持這些經費呢？就由街坊中的有地位的華人出面，沿門勸捐，將捐款議定一個收費標準，規定街內居民繳納更練費用。

　　更練費用的徵收辦法，是從租值中抽百分之一點二五，主要是由街內的商店捐出經費，即一百元租金，按照租單交一元二角五分的更練費，因為最大的更練得益者是商店。更練在街上巡邏，維持秩序與治安，面向街道的是商店，他們是最實際的受益者，是以向商店收取經費。但香港政府亦恐怕這些民間武裝的勢力越來越大，且會演變成反政府的民間武裝，因此便指定由「撫華道」負責管理和監督這些更練。

　　更練要維持治安，對付盜賊，不能不帶武器，假如人人可假更練之名，各街坊廣置武器，很容易成為民間武裝力量，是以必須加以節制，「撫華道」就是負責監管更練的政府機關。為了便於管理，「撫華道」就將各街坊的更練館作有系統的編排。

　　因此「撫華道」召集各街坊更練館的華人值理，將各自為政的更練組織，統一管理，這個統一管理街坊更練的組織，名叫「團防局」。

　　「團防局」由「撫華道」任主席，局內有十五位華人代表，這十五位華人代表經遴選委任，因此稱之為「團防局紳」，專責處理「團防局」內事務，於是將各自為政的街坊更練，編為四環更練。四環就是西環、上環、中環、下環，每一環的更練，設一個更練館。《香港建造業百年史》第 42 頁，載有早期四環更練館

的資料及四環更練館的地址，載云：

> 當年上環、中環、下環、西環各設有更練館一間，
> 上環更練館設在太平山街，中環更練館設在荷李活道，
> 下環更練館設在灣仔石水渠街，西環更練館設在第三街。

對於更練的組織和經費，該書亦有如下的記載，可供研究香港街坊史者參考：

> 更練的級別，分為練目，副練目，探目，偵探和一
> 等練丁，二等練丁，三等練丁等七種。照當時更練館的
> 組織看來，有武裝出巡的更練，也有偵查案件的偵探，
> 實力固屬不弱。團防局開辦更練館，除了政府每年補助
> 一百元外，大部分經費只靠各環商號捐助，按照租值比
> 率徵收，每百元租值徵收一元二毫半。

由於更練是中國傳統的民間組織，而管理這種組織的「團防局」又是由華人紳士組成，「撫華道」也是管理華人的政府機關，因此對於各種華人風俗習慣，也由「團防局」管理。這種習慣一直到戰前仍保持。

雖然「撫華道」後來改名為華民政務司，但仍然由華民政務司任團防局主席，仍是每月舉行例會一次。1933 年團防局例會多屬茶敍性質，沒有甚麼重要的事項要討論的時候，代表可以因無暇為理由缺席。聖士提反書院舊生會男女同學同台演出話劇一項，

由於有關傳統華人演戲風俗，故華民政務司要在團防局例會中提出討論，通過在案，才可演出。華民政務司熟悉當時十五位「團防局紳」的性格，認為李右泉的思想最為頑固，若他反對男女同台演戲，就不能通過。因此希望在討論之時，使李右泉不能出席例會。是以亨利·普樂與羅旭龢商量，設法令到李右泉無暇出席該次會議。

羅旭龢事前約了李右泉在會期那天會面，說有些事情跟他商量。李右泉當時有「當舖大王」之譽，因他開了很多當舖，羅旭龢又是立法局議員，一向當押業有甚麼意見，都是通過羅旭龢向立法局提出來的，他自然不會拒絕這次約會。而且，他事前亦不知道團防局會議會討論男女同台演戲。因此，到了會議那天，他不能出席團防局會議，而和羅旭龢會面，聖士提反的話劇演出，便順利通過了。

據當時的傳聞，有人說李右泉事後知道，很不滿意，但據接近羅旭龢的人士說，李右泉並不如想像中那樣頑固的，因為如果李右泉真是不滿意的話，其後的粵劇男女同台演戲，就不會如此順利通過。更有人將這件事歸功於馬師曾的獻計。總之，社會上凡有改革，總是有很多傳聞，不足為怪。

據說，當時羅旭龢約會李右泉時，曾和他廣泛討論香港社會上各種男女社交問題，例如當時香港已經有舞場開設，問他對舞場的意見。李右泉表示中國已經受歐西風氣的影響，這些事是難免的了，表示自己年事已老，也管不了這些了。羅旭龢又問他對上海演出話劇的看法，上海很多話劇團，都有男女演員同演，是否有傷風化呢？李右泉表示他並不知道上海有男女同演話劇的事，

不過，這也是沒有辦法禁止的，很多電影也是男女一齊演出的哩。

　　當時中國電影尚在默片時代，但男女同時演戲，已有男明星和女明星，李右泉雖是前清遺老那一類人物，或許不曾看過電影，也會在報紙上看見各種電影廣告，是以他對男女同台演戲，實際上並非堅持反對的，因此說李右泉不滿意批准聖士提反書院舊生會的男女同演話劇，那不過是傳說而已。

馬師曾赴穗請來譚蘭卿

　　1933 年 3 月，太平戲院院主源杏翹邀請馬師曾自美國回港，組織「太平劇團」演出於太平戲院，當時的「太平劇團」的花旦仍是由男演員陳非儂擔綱的，到了 9 月，源杏翹知道聖士提反書院舊生會男女演員同演話劇，他又和羅旭龢見過面，知道李右泉並非極度頑固，認為粵劇也可以男女同班演戲，因此立即通知馬師曾，叫他到廣州去把全女班中的花旦和其他女演員，通通招攬回來，以便申請男女同班演粵劇。馬師曾於是到廣州去，把當時在大新天台演粵劇的全女班的正印花旦譚蘭卿，連二幫、三幫以及梅香一起請來。

　　清代重男輕女的社會風氣，到了民國仍然沒有改變，因此粵劇女演員並不屬於八和會館的會員，全部由女演員主演的粵劇戲班，視為不入流的戲班，她們只能在大新天台和先施天台的遊樂場上演出，因此馬師曾到廣州去請女演員，戲金固然很平，同時一請就到，源杏翹是「太平劇團」的班主，他有的是錢，預支一

筆戲金，就可把最佳的女演員請來香港了。

　　有了女演員在手，才能申請男女同班演戲，源杏翹先請了女演員，才去找高陞戲院的院主呂維周商量，呂維周十分贊成，再去找普慶戲院的陳珠，陳珠也贊成，然後又到利舞臺去，當時利舞臺由利希立管理，利希立也贊成。於是立即起草呈文，正式申請男女同班演戲。

　　當時薛覺先的「覺先聲」劇團在高陞戲院演出，他知道院商聯名申請男女同班演戲，也要預先找花旦的。後來，他到廣州去，才知第一流的正印花旦已被馬師曾請去了，於是只好求其次，請了蘇州麗回來，準備批准之後，立即開鑼。

　　關於1933年香港四間華人戲院申請男女演員同演粵劇的史料，由於年代久遠，粵劇界中人多數未曾看過原呈文的原件，致有很多誤傳，有人說呈文是呈給華民政務司的，亦有人說呈文是呈給立法局的。我在太平戲院拆建前，曾於1980年到該戲院訪問源杏翹先生，蒙他在檔案中取出1933年10月的呈文原件草稿，用影印機影印一份，以對照各家的敍述，及讓他說明當年呈文送達的程序，才知與各家說法不同。

　　原來，呈文是作為一封請願信，是向港督請求批准的，因此呈文是由當時兩位華人代表聯名，呈給港督批准。兩位華人代表，就是羅旭龢與曹善允。

三院聯稟組織男女戲班

　　據源杏翹先生憶述，當時其實只得三間戲院聯稟，故檔案的底稿只稱〈三院組織男女班稟底〉。這張稟紙是作為向兩位華人代表請願，然後由華人代表轉呈港督，請港督批准的。所以稟上有「素稔體察輿情，有關懷桑梓之切」之句，如果不是向華人代表請願，又怎會有這句「關懷桑梓」這話？

　　現將〈三院組織男女班稟底〉原文抄錄於下：

　　　　聯稟人利舞臺利希立、高陞戲院呂維周，普慶戲院陳珠，稟為劇場娛樂日漸凋零，似宜從根本培植，以冀彌補而維商業事。

　　　　竊自華人經營戲院一途，所有戲班戲院，日形衰落，久已有汨鑒之中。溯其原因，大抵世情改革，厭故喜新，故商等不甘冒昧，特聯稟上訴，諒亦體恤商艱。即是之故，故欲組織男女合班演戲，對於港中觀眾，驟然耳目一新，戲業前途，豈無小補。且商等首重餉源計，次為營業計，素稔體察輿情，有關懷桑梓之切。近以港僑男女，每喜聯歡或歌且舞，此舉已蒙恩准，不為禁例，然則既設男女歌舞，何異於男女演劇，況各屬區域，所設舞台，均有男女藝員合演，幾幾乎全球皆是，足徵人心趨向，已可概見。若謂香江局面，萬商雲集堂堂繁盛之區，夫何獨而不然？商等有見乎此，伏准予所請，以恤商艱，實為德便。為此切赴。

　　羅旭龢是這張稟紙的主要聯署人，也是支持男女同班演粵劇的主力人物，因此他和曹善允帶了這張稟紙會見當時的港督威廉·貝璐（William Peel, 1930–1935）時，指出此舉對於政府徵收娛樂稅有極大的幫助，戲院觀眾增加，娛樂稅亦隨之增加，同時，法例上並無規定男女不能同台演戲，只是由於以往傳統上並無男女同班演戲而已，所以並無提交立法局討論的必要，亦更不必交由團防局去討論。何況團防局亦已批准聖士提反書院舊生會男女同演戲劇。威廉·貝璐終於批准了這次請願。

　　批准的日期是 1933 年 11 月 15 日，於是馬師曾和譚蘭卿的太平劇團，便在當晚演出於太平戲院，薛覺先與蘇州麗，則演出於高陞戲院。這兩班戲，就成為粵劇史上，首先男女同班演出的戲班。

　　羅旭龢由於支持男女同班，他的和聲唱片公司便可大量製作新的唱片，所有名伶都樂於為和聲唱片公司灌錄粵劇唱片。由於有唱片灌錄，對粵劇又促進了改革。從前粵劇是沒有主題曲的，為了灌錄唱片，粵劇在編劇作曲時，也就有「主題曲」的編寫。

　　男女同班演戲後，對粵劇的改革，可以說是天翻地覆的。從前以男人扮演女性，要用假聲唱曲，假聲成為粵劇演員常用的嗓子；男女同班演戲後，由於花旦是女性，用她的真聲唱曲，其他行當也用真聲了。反觀其他劇種，由於花旦長期由男人扮演，假聲的淘汰也就慢於粵劇，他們男女班子的結合時日較短，至今仍有行當用假聲唱曲的。

　　羅旭龢除了對粵劇男女同班盡力促成之外，他對體育運動亦有頗多貢獻。當年七姊妹泳場被政府遷拆時，羅旭龢以華人代表的身分，帶了全港華人簽名的請願信去見港督，結果七姊妹泳場

得以保存，這已經是 1933 年的事了。

　　此外，有一件少為人知的有關體育運動的事，就是全港第一屆校際運動大會，這次大會是由羅旭龢任首席名譽會長的。

籌辦全港首次校際運動會

　　羅旭龢也是歡喜運動的，他喜愛游泳、打網球和高爾夫球，因此和當時香港幾間華人體育會的負責人常有來往。1933 年初，青年會鑒於香港各學校已經有體育課，但是從來未曾舉辦過全港校際運動大會，因此發起舉辦一次校際運動會。由於這是以前未曾舉辦過的，因此該會的幾位負責人，就徵求羅旭龢的意見。

　　羅旭龢認為這個運動會極有意義，答應全力支持，他建議運動會應聘請華人名流為名譽會長，因為這樣，才足以表示全港華人支持這一項體育活動。他希望聘請曹善允、周埈年、陳廉伯、羅文錦等為名譽會長，然後向警方申請舉辦。這樣，警方是沒有理由不批准舉辦的。但他同時又提議，第一次舉辦這樣大規模的運動會，因為大家都沒有經驗，對於會場的管理，比賽的項目，以及評判、獎品、經費等等都是毫無頭緒，最佳的辦法，是先從小做起，有了經驗，然後擴大。

　　這個從小做起的意見，非常實際，因此青年會立即接納。但是，運動會既是全港性質的，怎能將範圍縮小呢？

　　羅旭龢表示他的意見，將範圍縮小的目的，在於容易控制場面和秩序，志在吸收經驗，將來可將它擴大。全港學校，小學校

多於中學校，而小學生多有服從師長命令的習慣，縮小運動會的範圍，可以先從小學生做起，舉辦一個全港小學生運動大會，就可以從大會中汲取經驗，明年就可以舉辦全港校際運動大會了。

青年會負責人認為這意見十分寶貴。須知在 1925 年省港大罷工之後，警務處對於華人集會的審查，非常嚴格，運動會是集會之一，必須先由警方批准，才能公開舉行。青年會先聘請上述多位華人名流任會長，然後和南華體育會聯絡，借用加路連山南華會運動場作為小學運動會的會場。

羅旭龢當時是南華體育會的名譽會長，加路連山南華會運動場之建成，羅旭龢曾盡過頗大的力量，爭取到這一塊地皮才建成體育運動場的。他既然支持這次全港小學校首次運動會，南華體育會自然亦大表贊成，於是會場的地點已經解決了，剩下來的，是其他的細節問題。

羅旭龢建議先辦小學運動會，是有其實際的意義，因為當時本港很多社團，都有小學校之設，卻未有中學校之設，將運動會限於小學校，等於令到全港各社團都一致擁護，各邑的商會、同鄉會、工商界團體的小學校，都踴躍參加，各社團便全力支持。

全港小學運動會籌備成熟，於是定於 1933 年 11 月 29 日、12月 1 日、12 月 3 日，共分三天舉行。由於只限於小學生參加，故不便舉辦游泳比賽等水上運動，只限於陸上運動。關於此次全港小學運動會的成就，大會書記鍾志強在〈學界運動大會史略〉一文中，有如下的描述：

　　　我以為這個會，對社會有六種貢獻：（一）給社會

人士明瞭提倡體育運動的根本方法。（二）給小學生一個運動會的好印象。（三）測驗中國學童的天賦的體力。（四）能激起社會人士共同合作——組織起來的力量。（五）能引起體育界的服務精神。（六）給熱心家得一個服務的機會。

這個小學運動會，用現代眼光看來，實際上是兒童運動會；但其規模，則是具有成人體育會的規模。會中各種比賽項目，均以田徑運動為主，一切制度亦依當時的國際標準來進行，可以說是空前的運動會。

會場的佈置，各小學的進場儀式，均依照奧運會的方式進行。維持會場秩序，則由全港各學校派出童子軍在場工作，最特色的是，全場均有擴音設備，音響器材是由一家洋行義務裝設的。參加比賽的運動員，雖然全部都是小學生，但參觀比賽的人，是中學生以及社會人士，讓他們認識一個具規模的運動大會的組織，儀式是怎樣進行，有助於擴大成為全港學校的校際運動大會。也使人認識到，中國兒童的體質，是有資格成為出色運動員的。

當小學運動會開幕的第一天，即 1933 年 11 月 29 日星期三，當天天氣非常惡劣，天氣又冷，又下著雨，但並不阻止小學生們的熱情，各項運動項目依照原定計劃舉行。

大會將運動會的日期隔日舉行，主要是希望小學生能有一天休息，體力不至耗得太疲倦，第二天再參加比賽。這次全港第一屆小學生運動會比賽項目，有二百公尺接力賽及四百公尺接力賽，分男女組舉行。此外有五十公尺、一百公尺、二百公尺，還有跳

高、標槍、跳遠等比賽項目。

　　當時香港廣播電台的 ZEK 中文電台，對小學運動會的比賽成績，及開幕儀式，均作現場錄音，於晚上廣播時間播放，傳播此項運動盡了應盡的宣傳力量，因此引起了全港人士的興趣，特別是香港各中文中學和英文中學的學生，對此項運動會大感興趣，因此要求舉辦一次全港不分中小學的運動大會，這樣恰恰與羅旭龢的原意相吻合。

　　羅旭龢建議由小做起，看看社會反應如何，然後才擴大而成全港學校的校際運動大會。現在小學運動會果然引起全港各中學校的興趣，大家都要求將運動會擴大，則籌備一次全港校際運動大會，就不必費很大的氣力了。

　　在小學運動大會頒獎之日，全港學校的校長、教員和學生都有參加，頒獎禮舉行之際，幾家中學的校長上台致詞時，都說今次小學全運會成績十分好，希望明年舉辦一次全港中小學聯合舉行的運動會。

　　這樣一來，即席就提議由當時組織小學運動的三位負責人，起草全港學校聯合運動會章程，由他們起草之後，再召集全港各校派代表開會，修改及通過這一章程，然後再議定舉行日期，及選出各小組的職員等等。

　　負責起草章程的三人，就是梁兆安、袁劍霞、鍾志強。他們將小學運動會的章程，加以補充和擴大，補充部分是將中學校納入運動會中，而擴大部分，即增加了水運會部分，使這個運動會成為水陸運動大會。

　　章程是長期性的組織章程，即每年都舉辦一次全港學校的校

際運動大會，在每年舉辦之前，先選出一個籌備委員會，籌備委員會由全港學校代表投票產生，籌備委員會由十一名籌備委員組成，每年運動會結束之日，即選出明年的運動大會的籌備委員。是屆的籌備委員將一切移交新的籌備委員，負責籌備下一屆運動大會，這樣年年選一次，就不會使這個會老化。

　　在各校代表通過全港學校校際運動會章程之後，即選出十一位籌備委員，委員名單為：梁兆安、鍾志強、楊一飛、張瀾洲、舒春芳、蘇子幹、袁劍霞、謝飛烈、區頌聲、辛瑞芳、羅月好。但到第三次會議時，羅月好和辛瑞芳二人因事提出辭職，再由大會選出後備委員甘仲棠和李德璋二人補上。在這一次會議中，決定邀請社會名流為名譽會長，名譽會長以羅旭龢為首，依次為曹善允、周埈年、陳廉伯、羅文錦、顏成坤、林翊球、張寶樹，一共八名，又選了張瀾洲為主席，梁兆安為副主席。

　　籌備委員會在第四次會議的時候，對於運動會的日期，展開一次大辯論，這次大辯論，是和本港學制的改革有關的。由於上屆小學運動會是在 11 月 29 日舉行，一些籌備委員亦主張在 11 月底舉行，但是，有部分委員，則主張在 6 月下旬舉行。照道理，上次運動會在 11 月舉行，運動會一年一屆，仍應照上年的日期舉行，才符一年一度的宗旨，實無提前在 6 月舉行的必要。不過，提出在 6 月舉行的委員，其中不少是學校的教務主任或校長，他們也有在 6 月舉行的理由。

　　香港的中文學校是由清代的學塾發展起來的。自古以來，兒童在受啟蒙教育之初，有舉行「開學」儀式之舉，一向「開學」都是在春天舉行，是以學塾一向由春天始業，即是由春天開始讀

一年級，以後每年升級都是自春季開始的。到清末，開辦學校，學校也是由春季開始入學。到了民國，這種制度一直保持下來，香港亦不例外。這種制度，稱為「春季始業」。

歐美各國的教育制度，和中國相反，他們不是春季始業的，而是秋季始業的，即啟蒙開學入學的時候，不在春季，而在秋季。因此，到外國去留學的學生，便覺得學業不銜接。例如，在中國冬季畢業後，到外國留學，不能在春季入學。要等到秋季才入學，等於荒廢了半年的時間，也浪費了半年在外國的費用。因此，春季始業的制度，便要進行改革，改成今日流行的秋季始業的制度。而改成秋季始業制度的時候，恰是 1934 年。

南華體育會和中華體育會都是羅旭龢任會長的，他既是第一屆全港學生運動大會的首席名譽會長，在場地方面是不成問題的，由該兩體育會完全免費借給大會使用，便解決場地問題了。於是第一屆全港學生運場大會便告籌備成熟。

各界踴躍資助校際體育盛會

由於小學運動會舉辦時有了經驗，組織一個這樣大規模的運動會除了場地解決之外，還要很多其他的費用的，例如佈置場地的費用、職員的交通費和膳食費、各種勞工的費用等等，都需要有人捐助才能舉行。此外，各項運動的獎品，如銀杯、銀盾、金牌、銅牌等，有這麼多項運動比賽，自應有各項獎品，計算起來，數目是相當龐大的。還有在運動進行中，醫生和護士，救傷工作

一定要準備得好，才不至被學生家長埋怨。會場中的茶水和飲品，亦要充足，這些都要發起捐助，才有經費。上屆小學運動會的經費少，容易籌措，這一次卻是全港學校參加，包括中小學，人數多，規模大，不能再依賴上次贊助小學運動會的人來支持全部經費，只能分別勸商人贊助。

當時省港的關係維持友好，廣州方面聽說香港舉辦全港學生運動會，廣東省教育廳長謝瀛洲首先致電香港的籌備委員會，表示贊助銀鼎兩大座。這樣一來，立即引發捐助學生運動會各項經費的高潮，接著是中華書局宣佈報效全場各項獎品，於是各項比賽的獎品已有著落（謝瀛洲的兩座大銀鼎是作為男女子全場冠軍的獎品，其他各項比賽，均有金牌、銀牌、銅牌之設，由中華書局捐出）。

羅旭龢似乎是只屬掛名的名譽會長，沒有參加實際工作，但他卻是在幕後加以推動。熟悉香港上流社會社交情形的人，都知道上流社會的頭面人物，多不願意正式使用他的影響力去推動某一項運動，這些有影響力的人物，常常在社交場合中借故談及某一項運動，示意值得支持，則那些與他有業務關係的人物，便會去支持此種運動。對於全港學生運動會也是這樣，羅旭龢只是從旁加以襄助，是以在短短的幾個月內，能將各項經費籌足。

在謝瀛洲捐出銀鼎兩大座和中華書局捐出全場獎品之後，捐獎品的人接踵而來，唐海安夫人宣佈捐出純銀製成的銀盾四面，而先施公司亦不甘後人，捐出一個銀碗作為獎品。大會誠恐捐獎品的人太多，立即宣佈各項獎品已經捐齊，現在所欠的是各項經費。商務印書館看見中華書局捐出全場獎品，也立即宣佈捐助運動會

經費一百大元；大新公司見先施公司捐助銀碗，亦宣佈捐助同價值的款項；中華百貨公司和永安公司，當時與大新公司及先施公司同稱「四大公司」，這兩家公司豈肯落後於先施、大新兩公司，同時宣佈資助大會經費。這樣一來，幾間大型的華資公司都捐助經費，其他華資公司為了面子問題，亦不能不贊助大會經費，如南洋兄弟煙草公司、馮強膠廠，都不甘後人，亦宣佈贊助。而當時本港唯一華資的汽水公司——安樂汽水廠也宣佈報效全場汽水。這樣，運動會的經費已有著落了。

　　當時最昂貴的費用，是會場中的擴音設備，因為無線電擴音機全部是從外國運來的，是屬於先進的新發明品，售價昂貴，一座小小的收音機售價一百元，將聲音擴大到整個會場都聽到，全副設備要六千多元。1934 年是使用銅仙時代，一般工人的工資是五元月薪，六千元的購買力相等於現在的三四十萬元。與旭和洋行有密切業務關係的比美無線電公司，終於宣佈贊助全場的音響設備，音響設備除了有擴音機宣佈各項比賽結果之外，並播出音樂，在進場儀式中播國歌。

　　有一間製造徽章的華資公司，名叫斐星公司，亦宣佈報效全場職員襟章，以便在運動會場中的工作人員與其他人員有所識別。

　　以上這些捐助運動會的資料，無異告訴我們，香港在 1934 年的華資企業方面，已有膠鞋廠、煙草公司、無線電公司、徽章公司、大規模的印書廠及四大百貨公司。此外，還有一家電影製片公司，它就是聯華電影有限公司，聯華公司當時也宣佈，拍攝大會的紀錄片。

　　同時，我們亦可以從上述的資料見到，香港政府對這樣一個

全港學校的運動會，完全不表示資助，真正是一毛不拔，彷彿這個運動會不是香港學校的運動會似的。那個時代，香港是由殖民主義者統治，他們的目光短淺，不肯花半文錢提倡體育運動。是以舉辦全港學生運動會的會場，也要籌委會向南華體育會和中華體育會商借。但亦可以見到香港華人的團結，能產生無比的力量。

有些讀者可能會感到奇怪，我為甚麼會在書中談及一些看來與街道無關的事物，這是否離題萬丈？我想藉此機會說明一下。街道掌故不是狹義的街道命名考，若只說某街某路是怎樣命名，那是沒有意義的。筆者寫的是廣義的街道掌故，除了考證街道的命名來歷之外，兼及對所有坊眾有影響的歷史。所以在談街道的歷史時，必須談及對香港社會有影響的事物，包括與街道命名有關人物的有關事物，這樣去介紹街道掌故才較有意義。

有很多歷史，是歷史學家不會去研究的，即如香港學生運動大會的歷史，就沒有人談及。這些歷史影響及於今日，是和今日的街坊有關的，若不把它發掘出來，便會永遠埋沒，發掘出來之後，可讓好此道的人去研究。是以本章花這麼多筆墨去談第一屆全港學生運動會。

而第一屆全港學生運動大會的名譽會長是羅旭龢，旭龢道以其名字命名，儘管旭龢道與第一屆全港學生運動會無關，但卻與它的名譽會長有關，這豈可以略而不談？

閒話表過，且看當時參加這個運動會的學校究有多少？原來當時參加的中英文男女學校共三十三間，參加運動會的學生共六百五十七人。這三十三間學校，有些現時仍存在，有些已經停辦了。相信有些老讀者也曾參加過這次運動會，因為當時在香港

受教育，而又喜愛運動的他們，一定不會放過這個盛會。茲將參加的學校名字寫出來，也有一定的意思。

參加全港學生運動大會的學校，分男生組和女生組，因為當時香港有不少學校只收男學生不收女學生，而又有全女生的女子中學，因此分男生參加學校和女生參加學校，先將男生參加的學校開列於後：華仁書院、西南中學、喻道學校、華大書院、知行中學、英華中學、培英中學、仿林中學、東方學校、中南書院、英皇書院、漢文中學、工業學校、德明中學、華僑中學、青華學校、培正中學、中英書院、嶺東中學、大同書院、育才書社、南光書院、本立中學、南華小學、嶺南分校、兆文學校、博愛義學、青年會日校、領島中學、潔芳女校。

最特別的是參加男生比賽的學校名單中，有潔芳女校，為甚麼女子學校會有男學生呢？因為所有女子學校，低年班的班級，都兼收男學生的，潔芳女校的男學生，都是小學生。

女學生組參加的學校，計有：西南女校、潔芳女校、領島女中學、嶺東中學、尊德女中學、大中女校、南華小學、博愛義學、循櫟女校。這九間有女生參加的學校，除潔芳女校、嶺東中學、南華小學、博愛義學等六間同時有男生參加外，餘三間女子學校，合共上述男生組學校三十間，共三十三間。

這些學校當中有些今日已經不存在了，但在香港中文教育史上，卻是佔一席位的，如育才書社和漢文中學就是，這兩間學校都是很有名的學校。

在所搜集到有關第一屆全港學生運動會的資料中，發現每一間學校，都有代表人的姓名，同時每間學校的運動員的姓名亦逐

一記錄下來，因此也找到很多為人所忽略的街坊史。例如育才書社的代表人名黃勁生，而漢文中學則沒有代表人。這說明在開籌備會議時，官立的漢文中學一直沒有派代表參加籌備會。

熟悉中國體育運動歷史的人，都知道三十年代中國游泳女健兒楊秀瓊，在全國運動會中獲得「美人魚」之號，大家都知道她是香港代表隊的成員。另外，她有位妹妹楊秀玲也是游泳女健兒，究竟這兩位女健兒當時在香港哪一間學校讀書的呢？向來沒有人去考據。

由於第一屆全港學生運動會以學校為報名單位，而以學生為比賽單位，因此在各校名下，都列出參加運動會的運動員學生的姓名，使可以從學生名單中，找到楊秀瓊和楊秀玲的名字，知道她們當時在哪一間學校讀書了。

原來，楊秀瓊和楊秀玲當時在香港尊德女子中學讀書。與她們一起參加第一屆運動會的女學生，還有陳煥瓊、幸穫蓮、黃瓊金、陳芝隸。尊德女子中學只得六位女學生參加，而該校的代表，則是蘇麗瓊。至於尊德女子中學的校址，當時在香港甚麼區，甚麼街道，則仍未考證出來。

6月20日上午九時，第一屆全港學生運動會在加山南華體育會球場內進行，不料當天早上，滂沱大雨，各校運動健兒冒雨齊集會場，但因雨勢太大，只好等待雨勢稍細才能舉行入場儀式，幸而到了十時十五分，大雨已止，便於十時三十分舉行入場儀式。

入場儀式按照奧運會當時的進場式進行，各學校以頭一個字的筆畫多少為次序，依次進場，在主席台前站立。各學校代表和教師進場時，其中有三分之一是穿夏布長衫的。在運動會上穿長衫，

看來很滑稽。其實，長衫是當時的禮服，與穿西服結領帶的地位相等，各校代表和教員、校長等並非運動員，穿長衫參加開幕儀式又有何不可呢？

主席張潤洲先致開會詞，然後由社會名流訓話，推舉當時華商總會黃廣田先生致詞。他說：「今天是第一屆全港學界水陸運動大會開幕之期，兄弟蒙各位不棄，委派到場演說。兄弟以提倡體育運動心切，於今早八時大雨滂沱之際，冒雨到場，舉目四顧，見運動場幾成澤國。鄙意以為此地不特可以舉行陸運，而水運亦將可同時舉行了，不料現在雷斂雨收，晴光大施，亦似天公有意造美，望各運動員努力一點，勿負天公盛意。兄弟不願阻礙運動進行，只簡略說說此次運動會之意義。第一，強身然後能強種，強種然後能強國。第二，不獨學生有健全之體魄，且將來亦可為國家爭光榮地位，因各位運動員成績優越，即可參加全國運動大會，亦可參加世界運動大會也。」

羅旭龢當時亦冒雨參加開幕儀式，坐在主席台上，但並未致詞，原因是避免冗長的致詞阻礙運動進行。同時，當運動會組織之初，忽略了聘請黃廣田任名譽會長。黃廣田是當年香港華商總會正主席，羅旭龢、曹善允是名譽幹事理事兼顧問，他們都是運動會的名譽會長，自為主席的黃廣田竟榜上無名，似乎不合禮節亦不合情理，是以由羅旭龢等名譽會長，邀請黃廣田在會場訓話，這是運動會開幕，突然由黃廣田致詞的原因。這個第一屆全港學生運動大會，有很多有趣的花絮，由於與羅旭龢無關，不必細表。

羅旭龢周旋於日偽之間

第一屆全港學生運動會的名譽會長中，有一位名譽會長陳廉伯，他和汪精衛有密切關係，屬於一位有政治野心的商人。當磯谷廉介在廣州沙面日本領事館任職時，他和汪精衛常到日本領事館和磯谷廉介應酬，這一段和汪精衛、磯谷廉介的關係，使他在抗日戰爭爆發之後，成為汪偽政權在香港的聯絡分子。

1941 年 12 月 8 日，日本進攻香港，12 月 25 日香港總督楊慕琦向日本投降之後，香港正式淪陷，日本派磯谷廉介任香港總督。陳廉伯與磯谷廉介有長期的聯繫，這時便由他出面，拉攏香港名流，維持香港的安定。

陳廉伯在香港活動了二十多年，對香港社會名流的一切瞭如指掌，當時日軍為了減輕香港的糧食負擔，下令疏散人口，強迫市民歸鄉，但這只限於小市民而言，主要的資本家和社會名流，都是不許離境的。

陳廉伯當時將一份名單交給日軍，一面通知羅旭龢、曹善允等社會知名人士謂經已通知日軍保護他們的安全。實際上，是由日軍監視他們的行動，以免他們逃出香港。

因此，當時很多工商界知名人士，雖有逃離香港之心，但無法逃出香港。主要原因有三。第一，日軍天天派人訪問他們，明則好像關心他們的安全，暗裡是觀察他們有沒有準備逃走之意。第二，他們的資金凍結在銀行內，貨物又在貨倉內被封存，完全沒有資金供逃難之用。第三，他們的家屬人口太多，不能一走了之，怕走了之後連累家人。

　　淪陷初期既無法逃出香港，再加上陳廉伯從中加以善言誘導，說日軍佔領香港之後，很快就由軍政轉交給民政，日本將派出一位新香港總督，這位總督名磯谷廉介，他是老朋友，到時大家都可以在香港安居樂業，一定與從前無異。勸他們安心在香港住下去。

　　後來，日本果然派磯谷廉介來港任總督，陳廉伯向磯谷廉介建議，設立兩個華人組織，協助日軍統治香港的華人。這兩個組織，一名「華民代表會」，一名「華民各界協議會」，由總督任命知名人士組成，他提供了一份名單。

　　究竟「華民代表會」與「華民各界協議會」有甚麼不同之處呢？原來「華民各界協議會」是一個基層組織，負責搜集華人的意見，華人有甚麼要求，由他們先行開會，議定一些意見，然後提交「華民代表會」，由「華民代表會」直接向總督提出。

　　這兩個組織，是英國人統治香港之時沒有的，當時被宣傳為日本統治者極尊重香港華人的意見，才設立這兩個組織。華人有甚麼意見，可向「華民各界協議會」提出，這個會每兩星期開會一次，將意見集中起來，通過「華民代表會」直接向總督提出，這樣便達到下情上達的目的了。

　　所以，「華民代表會」是上層組織，「華民各界協議會」是下層組織，當時，陳廉伯提交的名單中，有何東、曹善允、羅旭龢、劉鐵城、李子方和陳廉伯自己。

　　何東和曹善允年事已老，當時臥病在床，表示無法辦事，結果「華民代表會」只得四名代表。

　　1944 年 2 月出版、由齋藤幸治所著的《軍政下之香港》，在第五章〈政治〉第二節中，有如下的記載：

　　香港佔領地的立法，全由總督制定頒行，總督在立法之前，與總督部各部課舉行會議，議定頒行各種法令，最後由總督裁定公佈施行。由於香港居民大多數為中國人，不能全然無視中國人的意見，因此設立華民代表會，作為總督頒行法令時的諮詢機關。

　　其次，中國人的協力行政機關，除上述華民代表會外，另設華民各界協議會，以便在施政時提出中國人有關風俗習慣之意見，以及協助施行各項政令。這兩個組織，於昭和十七年（1942）三月二十八日成立。

　　這本由日本人所寫的《軍政下之香港》，是研究香港淪陷時期歷史的重要參考書籍，因它寫於 1944 年，對日佔時期的政府組織有系統的介紹。

　　《軍政下之香港》又載云：

　　　華民代表會是由在香港居住的有威望、有知識及有經驗的中國人組成，華民代表會現任主席羅旭龢，餘為劉鐵城、李子方、陳廉伯。華民各界協議會，由商業、工業、金融、教育、慈善、技術、醫師、建築、勞工等各界公認有代表性的中國人組成，共二十二人，該會每週定期開會兩次，討論有關華人政務各種問題，向華民代表會提出，負起下情上達的任務。主席為周壽臣氏，副主席李冠春氏。

　　羅旭龢當時是華民代表會主席，他明知道這是磯谷廉介和陳廉伯所玩的把戲，但當時工商界人士，的確極需要有人能向日本人總督陳述華人處境的困難，既然磯谷廉介委任他為華民代表會主席，各界均希望他代表華民去解決問題。他亦以為日本統治者雖然橫蠻殘酷，也會假惺惺做些好事。因此他第一件要做的事，就是代表華商向磯谷廉介提出向貨倉提貨，以便恢復工商業。

　　香港商場的營運方法，一向是從外地買貨，當貨物運來之時，先行運進貨倉內，然後視市場需要，逐少自貨倉提貨供應市場，這種營運制度行之已數十年。當日軍攻佔香港時，日軍將所有貨倉封閉，派軍隊駐守，任何人不能提貨。換句話說，日軍實際上已將貨倉內的貨物視為戰利品，這樣就使很多華人工商界陷於困境，是以第一次華民各界協議會開會，即要求開倉提貨，各商號可憑倉單提出屬於自己的貨物，這是最急切的問題。

　　華民各界協議會的二十二名代表，以工商界佔大多數，他們將急需要求日軍對貨倉中的貨物解凍的議決案，提交給華民代表會，由羅旭龢帶去見磯谷廉介。羅旭龢以為磯谷廉介一定有滿意的答覆，誰知磯谷廉介只是敷衍了之。

　　華民代表會與華民各界協議會成立於 2 月 18 日，一星期後要求磯谷廉介批准各華商向貨倉提貨，以後每星期都去「下情上達」一次，都是毫無結果。相反，在 3 月開始，磯谷廉介不斷發佈「港督令」，宣佈各種物品的管制令，例如柴、米、油、鹽、罐頭食品、糖、布、麻包袋、麻布等，禁止自由買賣及搬運。換句話說，有很多存倉的貨物，已經變成受管制物品，即使承認存倉物品屬於某人之物，亦不能提取。另一現象，是當時日本人成立很多洋行、

商店、百貨公司，這些日本人的公司，卻有很多貨物出售，而這些貨物明顯地是從貨倉內提出來的。一些在戰爭爆發前已在港開業的日本洋行，在倉庫有存貨並不奇，但一些剛成立的日本公司，卻突然有很多貨物出售，這些貨物不必説明，都是從貨倉裡掠奪他人的貨物作為己有，其中有些名牌子的貨物，是由華商任總代理的，證明是從貨倉掠奪而來。

當時市面上亦有很多小販有各種貨物出售，這些貨物都是從貨倉偷出來出售的，有些是在戰爭爆發的後期由亡命之徒爆倉的，有些則是通過守衛貨倉的日本軍官偷運出來的，總之，身為貨主的商人，無法提取自己的貨物，卻被人任意盜賣。

華民各界協議會不斷向華民代表會敦促解決提貨問題，他們由 3 月開始，差不多每個星期都敦促一次，羅旭龢亦很不客氣，對陳廉伯説：「當初你對大家説磯谷廉介是你的老朋友，會為全港華人的利益設想，是你勸大家出來維護華人利益的，這件事一擱就擱了幾個月，貨倉的貨物不斷流失，貨主得不到貨物出售，不是貨主卻有大量貨物出售，你怎樣向各人交代？」

陳廉伯從這時開始，正被全港華商所鄙視，他自己亦知道失去信用，在華商交際場合中常被冷落，漸漸有自卑感，是以在兩年後舉家遷離香港往廣州，卻因所乘的「白銀丸」觸雷沉沒，葬身魚腹。有人説這是報應。

當時在全體商人不斷催促下，事隔四個多月，到了 7 月 25 日，磯谷廉介才宣佈由 8 月 1 日起，接受貨倉貨物所有人申請，先行審定申請人對貨物的所有權，然後才能提取存貨。羅旭龢等人以為這樣總算進一步，仍有希望提取貨物，誰知磯谷廉介隨後又公佈

一份「貨倉一覽表」，這份「貨倉一覽表」並非將全港貨倉的名單列出，只是列出一部分。換句話説，就是指定在「貨倉一覽表」上有名列出的，才接受物主申請存倉貨物所有權，榜上無名的貨倉，則不能申請。

磯谷廉介被要求作合理解釋

於是華民各界協議會，又向華民代表會請求「下情上達」，要求磯谷廉介解釋，為甚麼有些貨倉不在名單之內，是否這些貨物在未列出名單的貨倉內，便不能申請所有權，羅旭龢又以首席代表身分去見磯谷廉介。

當時旭龢洋行的貨物，亦有很多存於未公佈倉庫名單的貨倉內，他也急於知道個中原因，磯谷廉介接見他和華人代表時，指出未列在公佈的「貨倉一覽表」內的貨倉，都是「敵性貨倉」，對「敵性貨倉」當然用不同方法處理，公佈的貨倉名單，全部都是非敵性貨倉，是以可以接受申請貨物所有權。

原來，凡英資、美資、荷蘭資本經營的貨倉，都屬於「敵性貨倉」，因為英、美、荷蘭向日本宣戰，這些國家都是日本的「敵國」，是以這些國家的商人也是敵性國民，全部拘入集中營。他們的資產，也就是「敵產」，貨倉也是資產之一，因此這類貨倉就是「敵性貨倉」，貨倉內的貨物，就是「敵性貨物」，不在公佈的貨倉名單之列，是以不能申請貨物所有權。

這是強詞奪理的説法，貨倉是出租給市民存貯貨物之地，倉

庫的資產雖然是敵產，但貨物並非敵國人民的，怎能因為貨物存貯於敵國資產的貨倉內，也當作是「敵產」看待呢？羅旭龢當時據理力爭。他舉香港原是英國統治之地為例。現在「皇軍」來了香港，不能將香港居住的人都當作敵人看待的，這塊「敵產」的土地，有很多良民，怎能全部當是「敵產處理」呢？磯谷廉介認為這個例子不明確，因為人和貨物不同，人是活的，貨是死的，這是「皇軍」的軍法決定的！其實，當時的日軍，正是將香港居民也視作戰利品來任意屠殺和凌辱，恰與處理「敵性貨倉」內的貨物一樣。

　　原來，日軍佔領香港之後，對於貨倉內的貨物，首先是將「敵性貨倉」內的貨物全部當作戰利品，那些日本公司、日本商店內出售的貨物，全部都是從這些「敵性貨倉」內搬來出售的，由於

《香港華人名人史略》（吳醒濂編著，1937 年 6 月初版）所載關於羅旭龢一章書影。

貨物已售出，沒有可能讓物主申請所有權，是以在「貨倉一覽表」上，並無「敵性貨倉」的貨物可供申請所有權。

其實當時即使申請獲得所有權，亦並非等於准許提回存倉的貨物，那張證明文件，只是證明商人是物資的所有人，日軍既可以隨意徵用，又可以指為受管制物資，不許提取，極其量把一些完全民用物資的一部分，准許提取而已。

關於日佔時期存倉貨物所受的損失，在抗戰勝利之後，香港重光之時，華人貨主向港府要求賠償損失，和英商要求港府賠償損失完全不同看待。英商當時是敵性國民，關在集中營內，他的貨物完全未提取過的，華商則因為有過這一次似是而非的「提取存倉貨」，因此損失難以獲償。筆者在戰後搜集這方面的實物資料，曾在嚤囉街買到一份完整的文件，那是戰前本港一家著名的織布廠的文件，這家布廠在香港重光之後，聽說英商可向港府要求賠償戰時存倉貨的損失，於是也申請賠償，文件來往當中，顯示出不同看待的焦點，在於無法證明該布廠戰時曾否提取過貨物，是以不批准賠償。

可見在日佔時期為社會服務的人，是完全屬於吃力不討好的事，其工作又會產生後遺症，令到日後更加困難。羅旭龢當時在要求提取存倉貨工作後，已感厭倦。不僅羅旭龢如此，華民各界協議會的其他代表也是如此，他們於 1944 年即開始「倦勤」，紛紛裝病，就是不得不出席會議時，也不發言，持消極態度。

事實上，淪陷時期羅旭龢的健康日差，香港光復後，他已甚少活動。1946 年香港政府公佈非官守太平紳士名單，羅旭龢和李子方仍是太平紳士，而羅旭龢終於在 1949 年 5 月 23 日病逝。

雪廠街的滄桑

香港開埠初期的地理環境

中區有條雪廠街，這條街從亞畢諾道的半山上一直伸展到遮打道去，它是香港一條主要的街道，也是極有歷史性的一條街道。

該街道以「雪廠」命名，英文稱為 Ice House Street。顧名思義，當知該處從前有一間「冰屋」，該街就是以這間「冰屋」而命名的。

廣府方言對於冰和雪，常混而為一，他們不管冰是由水結成，雪是由天上落下來，都通稱之為雪。故外省人稱「冰棒」的，而廣州人則叫「雪條」。嚴格說來，由地面的水因寒冷而結成晶體的叫冰，自天上落下來的雨結成結晶體的叫雪，故「雪」字從雨，而「冰」字從水，兩者是分開的。雪廠街的冰屋，因此也被稱為「雪廠」，因為這間冰屋，是香港開埠初期，用以存貯冰塊的地方，也是出售冰塊的地方，故名「雪廠」。究竟雪廠街的「雪廠」，在甚麼地方？這間「雪廠」又叫甚麼名字呢？在說明這些問題之前，先要了解香港開埠初期的地理環境，然後才易於說明。

香港開埠初期，皇后大道中是香港的海岸界線所在，就是說，皇后大道中這條馬路，是一條海旁路，現時近北面的舖戶，從前就是海邊。明瞭這地理環境，就可以說明雪廠街的「雪廠」所在的位置，它的原址，就在與皇后大道中交界，接近山邊的地方。這間「雪廠」，名叫「丟杜公司冰庫」，是由美國商人經營的。

1843 年時，香港才開埠不久，很多駐港英兵都得了一種熱症，他們在發高熱的時候，需要使用冰塊敷額，但是香港並無冰塊供

應，致令很多英兵死亡。冰塊在當時，是醫療上不可少的東西，因為西醫所用的藥物，很多是需要冷藏的。當時英兵因得病率高，死亡率亦高，很多英兵都不願來港，故軍醫方面，極需要找冰塊應用，卻無法得到冰塊。中國和外國都有以冰藏窖的習慣。當冬天大地結冰的時候，就把地上的冰開鑿成一塊塊大型的冰磚，藏到地底下面的冰窖內，以備夏天使用。當時英國和美國亦有此種藏冰的習慣，在英國本土容易找到冰塊用於醫療上；但香港的天氣，全年不結冰，鄰近的廣州，也沒有冰窖藏冰。至於來港的英國船隻，藏冰運來的更少，原因是當時的貿易船隊，主要是運鴉片，哪會有藏冰運來？一些醫療船，雖有英國的藏冰運來遠東，但到了印度及南洋群島，已被當地的英軍軍醫用去。那時恰巧丟杜公司有兩艘船來港，船上有藏冰備用，因此軍方就向該公司徵用船上的藏冰。

丟杜公司的船隻有藏冰，本來是供應船上旅客使用的，初時並沒有運冰來港做生意之心。但當公司大班發現香港極需要冰塊的時候，認為運冰來港出售，是一門有利可圖的生意。

1845 年，丟杜公司就向港府要求撥給土地，以便在香港設一座冰窖，他負責從美國將窖藏的天然冰塊運來香港，供給軍醫院使用。港府鑑於當時很多英兵因為害怕患熱症死亡而逃亡，立即就答應丟杜公司的請求，撥出近海旁，又近兵營的地方給該公司使用。

這塊既近海旁，又近兵營的地皮，就是雪廠街近山邊的地皮。當時德忌笠將軍，已決定將軍營遷至士丹利街一帶，該處有一間軍醫院，離雪廠街不遠。而雪廠街面向皇后大道中的一面，就是

海旁，便於將從美國運來的冰塊，迅速運入冰庫之內貯藏。丟杜公司就在該處山邊，開鑿地下室，作為藏冰之用，該公司也從美國，將天然冰塊附在貨船上運來。由於美國北方早有運冰到南方出售的運冰船隻，這些運冰船，對於保持冰塊的方法，早有經驗，故丟杜公司運冰來港十分順利。由於港府撥地給該公司是免費的，而港府又是長期購冰的顧客，成本就只有運費而已，故該公司獲利極豐。據一些書籍的記載，1847 年時，冰塊的售價每磅為三分六厘銀。那時香港還未有港幣，市面通行的貨幣仍是中國的銀兩，在使用銅錢的時代，一磅冰要三分六厘銀，不可謂不貴。

當時的冰塊是屬於非常昂貴的東西，三分六厘白銀一磅，不是普通人用得起的。但是，在香港的外國人，並不嫌貴，當時每天銷售的冰塊，約為七百磅之數，其中半數由政府購買，半數由在港的外國人及酒吧、妓院購買。

丟杜公司從美國將冰塊運來香港，其實並非全年運來。在盛暑的天氣下，決不是運冰的時候，他採用的方法，也和北方藏冰的方法一樣，在冬天大量運來，到了夏天，就停止運輸。因此他的冰庫，又深又闊，所藏的冰，可維持整個旺季使用。

丟杜公司發現運輸天然冰塊是一條大財路，因此他的營業範圍，不限於香港。他知道南洋各地的外國人和殖民地政府，極需要冰塊，於是將業務擴展到新加坡和馬來西亞去。他的運冰塊的船隻，經南洋來港，沿途放下冰塊，儼然成為遠東一間專利的冰塊專賣公司。

由於需求量大，使美國方面的售冰公司也感冰塊不足，美國方面的售冰公司，在春季即大量搜購冰塊雪藏，曾一度使丟杜公

司無法把大量冰塊，趕及於夏天前運來遠東。丟杜公司因與各國政府訂有合約，例如在香港，訂有長年供應政府醫院及機關的定量合約，當藏冰不足時，只好停止門市出售。故在 1860 年開始，常常有缺市現象。這樣一來，就引起一位英國商人投資開設人造冰廠的興趣。因 1864 年間，英國已發明人造冰的方法。

人造冰與天然冰的「減價戰」

　　人造冰是利用化學劑結晶硝酸銨作為冷卻劑而製造的，製造的方法並不困難，在 1866 年間，雖無電力供應仍可製造。最初製人造冰的方法，是用一條大槽，槽內盛滿冷水，作為外槽之用，另將一個鐵箱內貯滿冷開水後密封，將這鐵箱放在大槽之內，大槽的冷水將鐵箱浸過，並且將大槽的蓋蓋好，然後將硝酸銨投入大槽內，硝酸銨起奪熱作用，經過一定時間，槽內的鐵箱內的冷開水就結成冰塊，這時將鐵箱吊起，打開箱蓋，就可把冰塊取出。在一磅冰值三分六厘白銀的高價吸引下，一位名叫凱爾的英國商人，在英國學得製造人造冰的方法後，來港集資開設人造冰廠。他的人造冰廠並不設於雪廠街，而是開設於灣仔的春園街海旁。1866 年時，灣仔的莊士敦道和修頓球場一大片地區仍是海面，春園街只得現時一半長度。凱爾的人造冰廠就是設於春園街近海邊的地方。他準備與丟杜公司爭生意，以人造冰對抗天然冰塊。

　　1862 年，香港開始確定自己的幣制，當時開始有港圓、港毫、港仙和港錢發行，港元以銀為本位，一元仍是用足七錢二分重白

銀鑄成，故此一磅冰從前售三分六厘白銀。到 1862 年後，即售每磅五仙港銀。凱爾的人造冰廠，約於 1870 年開始投產，他是乘這一年丟杜公司不能從美國運來大量天然冰塊而面世，當丟杜公司的天然冰缺市時，他的人造冰就推出了。

1870 年，美國售冰公司搜購天然冰塊為本國市場應用，丟杜公司所得的天然冰不足以供應遠東各港口之需，特地託香港西報記者，寫了一段新聞刊出，作為將來缺乏冰塊應市時的藉口。這段新聞，大意如下：

> 聞美國上季天然冰塊短缺，勢將影響本港冰塊供應。
> 經營遠東港口冰塊公司，近已採緊急措施，準備自其他
> 地區，搜購冰塊以供應遠東港口之用云。

這段新聞正好給凱爾的人造冰廠利用，凱爾的人造冰廠立即刊出廣告，說人造冰不受天氣影響，源源供應，而且人造冰較天然冰為衛生，原有冰塊都用開水冷卻而製成，不怕有細菌，歡迎大家試用。

初時人造冰仍然售三分六銀一磅，三分六即五仙，當時的五仙是一個細小的銀幣，俗稱「斗零」。丟杜公司面臨新的勁敵，他知道上海有冰窖藏冰，立即派船隻從上海及天津等地運載天然冰到來，在夏天大量供應。他的公司是老字號，擁有很多老客戶，而且地址在中區的雪廠街，交通方便，凱爾人造冰廠在灣仔春園街，交通不便。在丟杜公司有大批天然冰塊應市的時候，他只好宣佈減價競爭，每磅人造冰由五仙減為四仙，並且在中環街市附近

租了一間屋，作為批發人造冰的地方。當時中環街市是一塊海灘，岸邊已有攤販在該處蓋搭寮棚，作為一處市場，他的人造冰批發處就設在閣麟街上。

一場天然冰與人造冰減價競爭展開，當時是 1870 至 1873 年。丟杜公司見人造冰減價，他也減價，每磅四仙。他的減價，是維持老客戶繼續光顧，因為若不減價，老客戶就會轉去光顧人造冰了。

凱爾的人造冰廠，亦有他的主顧，他的主顧是東區的怡和洋行，以及住在東區的西人住宅。原來當時春園街上有一座「春園」，這春園也是西人的花園別墅，春園主人是他的支持者。怡和洋行的總部，設在銅鑼灣百德新街一帶，該處從前有一座渣甸山，正是怡和洋行的高級職員的住宅所在，這一間香港最大規模的洋行支持他的人造冰廠，業務自然很容易發展起來。隨著香港人口增加，外商來港亦增加。很多高等華人亦都喜歡使用冰塊作為消暑的恩物，冰塊的需求大增，丟杜公司的冰庫，初時設計每日供冰七百磅，到了 1875 年，全港每日所需的冰塊已超過一千磅，而且續有增加之勢。凱爾得怡和洋行之助，在銅鑼灣海旁，開設一間新冰廠，大量生產人造冰，這時成本已較初期為低，他將冰塊的價錢降低為每磅三仙。這一來，丟杜公司的天然冰塊就無法與之競爭了，但它手上仍有供應政府機關及醫院的冰塊合約。凱爾最後把丟杜公司在雪廠街的「冰屋」買下來，將該冰屋合併為人造冰廠的「冰屋」，將設在中環街市附近的批發處遷到雪廠街來。這時，香港已不用天然冰了。

凱爾的人造冰廠，最大的股東是怡和洋行，凱爾只佔很少的股份，但他是將人造冰技術輸入香港的第一人，他是冰廠的廠長

和經理。1880 年，他已在雪廠街的丟杜公司的「雪廠」內辦公，全力發展人造冰生意。

怡和公司於 1870 年時，已開始在渣甸倉內的馬房，養了幾頭乳牛，揸取牛奶自用。當時凱爾的人造冰生產正常，有足夠的冰塊用以冷藏牛奶使之保持新鮮，這是當年怡和洋行大班，支持凱爾的人造冰廠的原因。很多西人知道怡和洋行有鮮奶，他們常來索取，英軍的軍醫院與政府醫院，都希望有鮮奶給養病的人使用。凱爾發現這是一個很有潛力的市場，因此在 1886 年時，開設牛奶公司，正式從荷蘭運來新牛，在港供應鮮奶。在商業發展上，我們知道有很多行業是有共生性，有些行業比較遲些出現，是因為它要依賴另一行業的發展才能出現。牛奶公司的出現，就是一例。假如人造冰廠未成立，養乳牛揸鮮奶是不可能發展起來的。原因是鮮奶容易變壞。有大量的人造冰可供冷藏之用，鮮奶就可以用冰來冷藏，牛奶才可能經常保持新鮮，牛奶公司的業務才能發展。

凱爾的人造冰廠，其後已將春園街的舊廠關閉，全力發展銅鑼灣的冰廠。牛奶公司則設於該冰廠之旁邊，以便利用人造冰冷藏鮮奶，供應給醫院及西人應用。

至於該處從前的「牛奶公司冰廠」的招牌，是怎樣形成的呢？這就和雪廠街的滄桑史有關。原來，丟杜公司在雪廠街成立「冰屋」之初，向港府領地建屋藏冰，按合約規定，地租為期七十五年，由 1842 年算起，因此到了 1917 年，這間「冰屋」的批期已到期。由於當時訂的租約是無償租地，故不能續期，期滿之後，就得將地段交還給政府。

丟杜公司已經合併於凱爾的人造冰廠，雪廠街的廠址既要交

回港府，就得覓地再建。當時的牛奶公司業務鼎盛，鮮奶的供應已不限於供應西人，很多餐館都需要大量的鮮奶，同時，一種新的食品——雪糕亦告面世。因此把人造冰廠和牛奶公司合併，稱為「牛奶公司冰廠」。

當時，牛奶公司覓得一塊地段興建新的冰廠，代替雪廠街丟杜公司原址。這地段在雪廠街與雲咸街之間，也即是下亞厘畢道與雲咸街交界處的地方。這幾座古老的建築物，目前仍然保存，可以說是牛奶公司和人造冰廠合併的紀念品，故稱「牛奶公司冰廠」。

雪廠街的得名由來，已如上述，這條現時中區著名的街道，除了和香港人造冰及牛奶公司有關之外，亦和香港的金融和交通事業有關。

曾經是港島交通的中心地帶

上文說過，香港開埠之初，雪廠街近皇后大道中的一段是海邊，後來中區首次填海，將海岸線從大道中推進到德輔道旁邊。這時，雪廠街海旁有一座用竹寮築成的碼頭，這是渡海小輪碼頭。

當 1860 年，巴夏禮已向兩廣總督勞榮光租了尖沙咀一帶地段，後來於 1861 年，自尖沙咀至界限街以南的一大片土地，才正式劃入香港版圖，而 1862 年，皇后大道中至上環文咸街的大片海灘已填成陸地，當時聯繫港島與尖沙咀的交通，已經投入服務，來往於尖沙咀與港島之間的「橫水渡」，就泊於雪廠街海旁的碼頭。

　　「橫水渡」只是華人所乘的渡船，至於外國人，則乘小輪船來往，雪廠街一躍而為港九兩地的交通中心地帶，成為當時最繁盛的街道。

　　當時的海事處，是設在今日雲咸街與炮台徑之間的山上，因此海事處的碼頭，設於畢打街，與雪廠街碼頭相距不遠。英軍渡海，多集中在畢打街碼頭，而平民渡海，則在雪廠街碼頭乘船。到了 1898 年，天星小輪公司成立，取得了渡海小輪的專利權，開始使用「兩頭船」作交通工具，雪廠街口的碼頭，便撥給天星小

雪廠街，約 1925 年，前方
延伸至第一代天星碼頭。
（由陳照明先生提供）

輪專用。當時「橫水渡」已停止營業，中西人士，都乘天星小輪渡海。

1898 年天星小輪公司成立，取得渡海小輪專利權後，雪廠街的碼頭，本準備興建永久性的碼頭，但因當年中區進行龐大的填海計劃，將海岸線向前伸展到干諾道去，故將永久性碼頭的興建，推遲到填海完成之後。

當中區填海工程完成後，雪廠街又向海旁延長，這條街最初本來只得短短的一小段，在皇后大道中，後來延長到德輔道邊，這時又延長至干諾道邊。天星小輪碼頭，亦從德輔道邊，遷至干諾道旁邊去。這座新碼頭，於 1912 年冬天落成啟用，是一座鋼筋水泥建築的碼頭，碼頭面向雪廠街的入口處，上建一個四方形的「大鐘樓」。

1911 年廣九鐵路通車，天星小輪的乘客更多，它把從廣州到香港的旅客，自九龍火車總站，運送到港島來。因此，當時來港的中國人，第一條接觸的香港街道，就是干諾道中和雪廠街。

中環舊天星碼頭，[6] 是第二次世界大戰之後，中區填海得地興建的。那是 1957 年將雪廠街舊碼頭拆去而建成的，由於雪廠街並不伸展到新的填海地區去，故雪廠街仍保持 1910 年時代的長度。不過雪廠街上的建築物，已經全部換了新裝，和從前並不兩樣。雪廠街另一和香港公共事業有關的，是該街道上，曾經是香港電話和電報的發源地。因為早期的電報和電話機構，都設在該街道上。

6　編者註：即愛丁堡廣場碼頭，已於 2006 年 12 月拆卸。

1881 年，東方電話電力公司在倫敦成立。該公司於 1882 年在港申請營業，故香港是遠東最早使用電話的城市，同時，最早的電話機房就設於雪廠街。

1875 年，英人貝爾發明電話，東方電話電力公司就發展貝爾這一項新發明。初期的電話是要使用木柱，將電話線連接起來通到機房去，由機房的接線生，負責為用戶家中的電話接線，和現在的「自動電話」不同。

貝爾發明的電話機，是在電報機發明之後，利用電報機的原理，由印刷訊號改變成傳聲訊號而成的，故香港在未有電話之前，已先有電報，而香港的電報，也和雪廠街有關。雪廠街旁邊的一座小山，向來是政府機關的所在地，中區政府合署也是建在這座山上。[7] 1874 年，香港的軍政機關，已開始使用電報機互相聯絡，其中以政府高級機關和軍事機構，最先使用電報作為通訊工具。

當時雪廠街旁邊的小山上，有政府電報機房之設，這電報機房，聯絡赤柱、西環、上環和東區各軍營與機關，故在該處起，山上都遍設電線柱，一直通到赤柱和東西區去。

1874 年，香港《循環日報》刊出一段輔政司招標承接架設電線柱工程的廣告，這段廣告，是目前唯一能證明香港於 1874 年已使用電報作為通訊工具的文件，這段廣告，以「憲示」兩字作標題，其內文如下：

7　編者註：現時的政府總部已於 2011 年遷往金鐘添馬艦。而中區政府合署的三幢大樓建築群被評為「一級歷史建築」，三幢大樓均獲分配予律政司作辦公室用途，現稱「律政大廈」。

輔政司柯士甸為曉諭事。照得現招人投票，承接備辦電線柱，各柱身要直，其長度以三十五尺、二十五尺、並二十尺為合式。柱尾至少要四寸圓大，其頭須八尺長，要用煤油塗兩次。凡欲承辦者，須赴工務司署領取投票格式紙，其票在本署投遞，限收至英本月二十三日，即唐本月初十日正午止截。各票無論高低，均由國家擇取，為此特示。一千八百七十四年七月十八日，甲戌年六月初五日示。

這裡所謂電線柱，就是電報機的電線柱，初期的電報機，是印刷電報機，發報機在發報的時候，按「K」的地方有紙帶相連，按下一短符號，「K」下就壓出一段短線，按一下長符號，就印出一條長線。一短線代表一，兩短線代表二，三短線代表三，四短線代表四，一長線代表五，一長一短代表六，一長兩短代表七，一長三短代表八，一長四短代表九，兩長代表零。收報機的接收部分也是一樣。這是初期電報機的顯示功能，後來由於發明電話，電報機也改為發聲，以一長一短的聲音，代替了以前印刷符號。其後發明了無線電，就不用電線柱了。

查 1871 年，上海的商業比香港更為繁榮，很多香港洋商，都在上海去開設洋行，那時極需要聯絡上海與香港之間的通訊，大東電報局已開始敷設海底電纜，從香港拖至上海，因此香港各機關，急需使用電報設備。

電話通訊業的發展

東方電話電力公司於 1882 年在雪廠街成立，據說現時雪廠街二號就是當時東方電話電力公司的機樓及辦事處。

當時香港只有十五戶電話用戶，服務範圍只限於中區，而主要的用戶，是洋行和股票大經紀商。在 1870 年時，香港已有股票買賣，但那時還沒有證券交易所之設，股票買賣由股票經紀起溝通買方與賣方的作用，成為買賣雙方的橋樑，如同買賣物業一樣，由經紀介紹。故經紀商極需要一具電話，與各洋行聯絡，各洋行大班通常是持有股份或出售股份的人士，很多高等華人，在洋行裡做買辦的，也買賣股票，因此極需要電話聯絡互通消息。

由於第二次世界大戰時，日軍攻入香港，毀壞了很多歷史文獻，故現在已無法找到初期的電話用戶資料。但據故老相傳，第一位裝電話的人，是遮打爵士，那十五個初期的用戶，除滙豐銀行、渣打銀行、怡和洋行外，還有幾家著名的保險公司。至於華人用戶，直到 1890 年才出現。那時，全港用戶已增至六十五個。位於雪廠街二號的電話公司，並非現時的電話公司，現時的電話公司，是一個新的組織，與初期的電話公司不同，不同的地方，在於使用新的技術和新的組織。初期的電話，是接線電話，用戶拿起電話之後，把電話機旁的搖手搖動，發出鈴聲，這鈴聲是通知機房接線生，接線生聽到鈴聲，先向用戶詢問要接幾號電話，方才接線。

初期的電話收費非常昂貴，每年的電話費是一百元，當時的一般工資，每月只是三元，收費一百元，等於三位工人的全年薪金，這是它不容易被普遍租用的主要原因。

　　華人商店，只要僱請一位年青力壯的人當信差，就可迅速傳達消息，一位專門跑街的工人月薪二元，年薪才二十四元，他可以東奔西跑，替主人約會各方面的朋友，比用電話傳達消息更經濟，是以直到 1890 年，才有幾家與洋行有關的華資商號租用電話。

　　初期電話的名稱，是直譯英語的，叫作「德律風」，打電話叫打「德律風」，洋行或大公司在報章上刊登廣告，以有「德律風」為榮。雖然電話發展緩慢，但是初期的東方公司仍不斷架設電話線，發展他的業務。電話線由中環架設到西營盤，又由中環架設到灣仔，希望增加華人用戶。當時的電話線都是架在街道旁邊，有些則架在建築物外牆上。電話線只是金屬線，沒有外皮的，它和電燈線不同，所以很容易就看出，哪一種是電燈線，哪一種是電話線。自 1898 年香港版圖擴展到九龍後，東方電話電力公司即雄心勃勃，發展港九兩地的電話。1899 年，它在九龍金馬倫道建了一座機樓，又將雪廠街二號的機樓，搬到旁邊的都爹利街去，搬移這機樓的原因，是要敷設一條海底電纜，連接港九兩座機樓，因都爹利街與金馬倫道可拉一條直線連接，減低成本。

　　1905 年 7 月 1 日，連接港九兩地的海底電纜敷設成功，都爹利街與金馬倫道的機樓接通了電話。九龍方面亦已在尖沙咀區架設了街線，這一項設施，促進了電話業務在港九兩地的發展。

　　當時港九兩地仍然是採用舊式的電話，即仍要通過總機的接線生，方能接通電話，不像現時，只需撥對方的電話號碼就可以接通。同時由於收費仍然是每年一百元，實在太昂貴。電話業務雖有發展，仍然是發展得很緩慢，到 1911 年，才只有二百多個電話用戶。當時政府機關，並未使用該公司的電話設備。主要原因

是需要接線，政府機關不願被接線生知道機密的事情，故此寧願自設電話機樓，自建電話設備。

1914 年第一次世界大戰爆發，香港商業受到戰爭的影響，電話業務更難發展。但戰爭結束後，自動電話面世，歐美已採用自動電話設備，香港的電話網絡就顯得落後。當時港府要求東方電話電力公司更換新設備，使用先進的自動接線設備，但該公司無法接納，原因是更換新的設備，投資很大，需要數百萬元資金購買新設備，而當時只得二百多個用戶，雖然政府答應如改用新設備，政府機關的電話，可使用公司的自動電話服務，但計算收益，所得無幾，投資大而收入少，使該公司不能接納更換機器設備的建議。於是，港府便要物色新的投資者。

到了 1923 年，有香港商人知道港府對電話公司不願更換舊設備感到不滿意，於是籌備組織新的電話公司，新電話公司如果自建機樓，以及重新拖一條海底電纜聯絡港九兩地，則投資更大，成本更重，因此新公司認為將舊公司的全部設備買下來，才最合投資理想。

舊公司當時不肯出讓，它認為新公司無法經營下去，那末它仍然可以繼續營業。但是，政府認為舊公司阻礙香港電話通訊的發展，不能不施加壓力。1924 年，港府在立法局首讀《電話則例》，表示已給予香港電話公司以電話服務的專利權，強行終止舊公司的服務。

在此情形下，舊公司如果不將設備讓給新公司，它的設備就血本無歸，在衡量得失之後，結果願意出讓，於是新的電話公司就成立。

　　這間新公司，就是香港電話有限公司，[8] 它於 1925 年 6 月成立，7 月 1 日開始電話服務，由該公司接管全港電話網絡操作。電話公司承辦之初，一切仍用舊公司的設備，即仍然是用接線電話。不過，該公司已經向英國購買新設備來港，符合政府對電話服務的要求。

　　購買自動電話設備，並非立即購買就馬上運來，英國的電話設備製造商，需要時間製造，故在 1925 至 1929 年間，仍是用舊式的電話，但這個時候，電話公司已開始敷設埋在地底下面的電話線，將電話線延長到跑馬地、筲箕灣，以及旺角、深水埗、油麻地等地區。

　　到了 1930 年，新的自動接線設備運來香港，該公司裝上新機，從此香港的電話，便進入自動電話時代。從前叫「德律風」的電話，一律稱作「自動電話」，在報章上的商業廣告，已不再見到「德律風」三字，一律改用「自動電話」的字眼：這樣，「電話」一詞才正式流行。

股票經紀的活動場所

　　雪廠街從前是股票經紀活動的場所。這因為街上有一間香港

8　編者註：香港電話有限公司在 1984 年被英國大東電報局收購；1988 年，香港電話與大東電報局（香港）合併，組成香港電訊有限公司（「香港電訊」）。現為電訊盈科旗下的子公司。

證券交易所。在戰前，香港證券交易所還沒有現時那樣規模，那時雪廠街的路邊，擠滿了買賣股票的人，有很多「駁腳經紀」在街上活動，代客買賣股票。

香港有股票買賣，約在 1870 年開始，當時香港還沒有證券交易所開設，但已有華人購買股票。因為自從 1865 年頒佈有限公司條例之後，香港很多洋行、保險公司，以及銀行都發行股票吸收資金，很多買辦都購買股票。他們起初以為，買了股票即成為股東之一，每年各公司開派股息，便有實際的收益。至於股票的買賣，多由香港會的會員進行，這些會員，因經常集中在會所之內，互相交流股票買賣，成為初期的股票經紀。

初時的香港會，設在離雪廠街不遠的雲咸街口，而雪廠街是洋行的集中地，在沒有電話設備的時候，洋行大班多在午餐的時候到香港會去進午餐。並在那裡進行股份交收的工作，因此香港會無異成為股票交收的場所。而買賣股票的人，多集中到雪廠街的洋行去委託洋行大班交易。

究竟初期香港的股票，是怎樣定價的呢？我們可以從 1874 年一張《循環日報》上的股份行情中，看到股票售價的情形。該行情表上，有如下的敍述：

香港上海銀行二萬份，每股老本一百一十五元交足，現價每百元加一十八元。香港酒店公司，每股老本銀一百元交足，現價每百元減為六十元。香港煤氣公司五千份，每股本銀十鎊交足，現每股值七十五元。

　　這種股市行情，和今日的股市行情完全不同，原因是當時沒有證券交易所，買方和賣方沒有機會在交易所的粉牌上寫出買價和賣價，有股票在手的人如需用錢，可通過洋行大班出售股票。洋行大班找到買家，一般買家要壓價才肯買，賣方鑒於需要現金周轉，遇到有人買，雖虧本也要賣，於是就出現了上述的行情。

　　上述行情，是已經成交的行情，所謂「香港上海銀行」，即今之滙豐銀行，當時滙豐銀行的股票，是每股十英鎊的，即票面值為十英鎊，發行時十英鎊值一百一十五元港幣，故稱「老本」，現在以每百元加十八元的價格成交二萬份，換言之，是每股一百一十五元乘以十八元（每股加二十元七毫），即每股以一百三十五元七毫成交。香港酒店的股價，每股一百元減為六十元，即低過票面值出售，而煤氣公司十鎊一股的，以每股七十五元成交。就是說，當時滙豐銀行的股票上市，而大酒店和煤氣公司則下跌。

　　從 1874 年的股份行情可以見到，當時香港股票的投機性極大，有些股票仍以英鎊為資本單位的，這些以英鎊為單位的股票，當英鎊匯水高時，股票的票面值提高之外，再加市價的提高，故行情表上的上海銀行的股份價有「老本一百一十五元交足」的字樣，這一百一十五元，即十英鎊票面值的匯水價，另加每百元加一十八元的市價出售，投機性變了雙重性，即可以炒匯水，又可以炒股票。

　　當時香港已有一部分華人，投入股票市場，否則《循環日報》不會在第一版另闢一欄，刊登股份行情。煤氣公司於 1864 年在香港成立，也在香港公司招股，但是由於使用煤氣的用戶不多，連續多年沒有利息派，因此在 1874 年，股價已跌破票面值。但跌幅

這樣大，也是投機的結果。買辦階級其實對股票的認識亦有限，但因他們是洋行大班與華商之間的中介人，很多洋行大班兼營股票買賣，買辦亦鼓勵華商買股票，華商直覺地以為買了股票就是股東之一，因此都樂於投機。等到大多數股票落到華商之手時，那些公司的派息低於市面的息口甚多，華商感到壓積資金而又收息不如理想，便委託買辦代將股票拋售。等到股票轉到外商手上時，那些公司又派高息又送紅股，這一來又吸引華商注意，到時你又買時他又買，股價又節節上升。這種情形一直維持到 1891 年，港府才制定新的法案管制股市。

股票法案挽回港人信心

港府於 1891 年頒佈新股票法案，原因是當時華人社會對股票已失去信心，認為這是一種「騙局」。這樣對於發展香港便會產生阻力，因為香港的各項發展，有賴於在股票市場上收集資金，華人擁有大量的資金，他們對股市失去信心，將來各發展公司收集資金就困難，因此頒佈新法例，管制那些洋行大班的買賣股票行為，希望爭取華人對股票的信心。

當時香港商會大多數會員，反對新股票法案，但卻獲得保羅‧遮打的支持。保羅‧遮打是發起中區填海計劃的人物，他認為爭取華人投資發展香港極為重要，不同於某些洋大班一般見識，他集合經營股票買賣的幾個股實的洋大班，組織香港股票經紀會，這就是香港證券交易所的前身，該會的會址就位於雪廠街上。

香港股票經紀會初時只有二十一位會員，他們遵守新的股票法案，於是股票買賣有佣金制度。在經紀會內，每天將股票的買家出價和賣家出價，寫在會中的黑板上，讓歡喜買股票的人，提出自己的買價，有人願意以這個價錢賣出股票，就立即成交，避免經紀操縱價錢。這種制度，就是現時交易所的買盤和賣盤的雛型。洋行買辦帶領華商去參觀，讓他們看到公平交易的情形，希望恢復華商的信心。但是 1893 年，國際出現銀價下跌的風暴，這一場白銀跌風，影響本港華商極大，對股市影響更大。

1890 年時，每一個一安士重的香港銀元，可兌三先令四便士，1893 年跌至二先令三便士。國際銀價大跌，以白銀為本位的港元，以及中國的銀元及銀兩，購買力就下跌。洋貨漲價，華商手上的資金全是銀元及銀兩，無形中全部貶值。華商受這一場國際銀價下跌的影響甚大，其中不少破了產。

清朝政府和大部分華商一樣，他們對國際貿易以及國際金融等經濟活動全無認識，一向以為銀兩是最穩定的貨幣的商人，突然發現銀兩也會貶值，洋貨不斷漲價，而漲價的原因又並非來價起了價，卻是由於銀價大跌，他們哪得不吃虧？很多華商拋出股票，換銀買英鎊結賬給洋行，股市大跌，有些商人拋股票得款買貨，連糧食中的白米，也不斷漲價。

自 1893 年開始，香港股票市場就大傷元氣，從前視買股票作為生息手段的華商，人人都說股票是一個「騙局」，不敢染指。刊登股份行情的中文報紙，亦因華商不買股票，而把有關篇幅縮細，甚至不刊登股份行情。加上 1894 年鼠疫流行，很多人離開香港返鄉居住，經濟更加衰退，股票更加沒有人買，雪廠街在一個頗長

的時日裡，顯得冷冷落落。鼠疫過後，新界劃入香港版圖，本是股票市場復甦的時候。但是由於華商都吃過苦頭，股票買賣幾乎全屬外國人的事，只有歐西人士認為香港前途樂觀，對若干公司的股份看好才購買。

　　香港的股票市場，並不因為沒有華商參加投資而不振，香港的股市能發展成一個證券市場，是和中國近代經濟發展史有關係的。

　　清末列強到中國開築鐵路、開礦，及直接借款給清朝政府。這些鐵路股份及債券、礦務公司的證券及債券，都在國際的證券市場上出售。這個時候，各資本主義國家都發現，對中國作資本輸出，與作貨物輸出是同樣可以獲致暴利的。華爾街的證券交易所，成為出售中國債券的主要市場，歐美各國的投機者，都向華爾街炒賣各種股票及債券。當時各國借款給中國，多經由該國銀行主持，銀行負責籌集資金借給中國，既可收佣金，又收利息，中國通常以稅收作為還款及付出利息的保證，故此可以說是有利無損，沒有甚麼風險的投資。銀行完成借款之後，把債券推出證券市場，迅即又可收回資金，再作第二次借款，清末各國有這麼多資金借給慈禧太后，原因在此。

　　香港的股票市場，於 1891 年頒佈《轉賣立案法國公司股份條例》時，香港股票經紀會亦同時成立，已經形成一個證券市場，對於中國的各種債券，也在香港出售，其中有很多中英借款，是由怡和洋行及滙豐銀行作中介人而成交的，這些債券亦在香港發行。因此，各國的投機者，亦在香港買賣中國債券，所以雖然經過一場白銀跌價的風暴，雪廠街上的證券市場並未衰退。

　　到了 1913 年，股份經紀會已具有證券交易所的規模，在雪廠街的會所內，正式取法於華爾街的制度，成立證券交易所。

　　這段時間內，受過教訓的華商，雖然有很多退出這個股市，但亦有人開始投入，只是已沒有 1891 年以前那樣狂熱。是以自 1913 到 1931 年這一段時間，華人買股份不及今日那樣普遍，不過，這一段期間已有多位華人經紀成為交易所的會員。

　　1932 年以後，華商買股票的又漸漸多起來，因為華商已經認識證券交易所的作用，它是一個收集資金的地方，故此很多華商亦懂得利用證券交易所來收集資金，華人資本的公司亦以股票上市。故此，到了太平洋戰爭爆發前夕，交易所內的華人經紀席位已大增，華人的資金投入股市亦不斷增加。雪廠街又熱鬧起來，1939 年開始，每天都有很多人雲集交易所門外聽股市行情，直到戰爭爆發之後，這裡才歸於平靜。

　　雪廠街是香港股市的發源地，現在我們知道恒生指數是反映股票起跌的指標，但在恒生指數之前，香港已有一種指數，而且出自雪廠街，名叫伊利斯指數。伊利斯的英文名稱為 F. M. Ellis，他是香港證券交易所的會員，戰前已經是一位經紀，戰後回港，在雪廠街一座大廈租了一間寫字樓，他一邊買賣股票，一邊研究如何制定一種指數。

三年壽命的伊利斯指數

　　伊利斯參照華爾街的道瓊斯指數的編製方法，為香港的股市

制定一種指數。他是將1946年底本港的股市中各通行股票的市價為100，然後逐天計算當天的股市指數，每天向會員公佈，並且通過當時的西報，代為刊出他的指數。他的指數就以自己的名字定名，稱「伊利斯指數」。他有志做一位香港的道瓊斯。

伊利斯指數共製作了三年，由於他的壽命不長，他於1950年逝世，故此只有三年的伊利斯指數的紀錄。

香港的股票投機人士，甚至股票專業人士，甚少研究香港的股票發展史，他們不知道在恒生指數之前，有伊利斯指數。由於伊利斯指數發源於雪廠街，在談雪廠街的掌故時，不能忽略這關係於股市歷史的事實。這裡且將伊利斯的三年指數，詳述於後：

1947年最高的伊利斯指數為155.82，最低的指數為123.88。這是伊利斯以1946年聖誕節前一日的收市價（該價位為100）發展起來的指數。這表示一開始，股市即在1946年聖誕節後即興旺，故到了1947年初，伊利斯指數已上升了23.88%。此後，在1947年中，股市交投甚旺，指數也就節節上升，到了年底，已升了55.82%，成為戰後伊利斯指數的最高峰。伊利斯指數有實際反映香港股市的效用，它也說明了戰後初期的股市情況。

1946年香港股票市場重開的時候，華商多寄望於國內的工商業的百廢待興，資金多回流到國內去。因為經過八年抗戰，人們都希望祖國建設起來，故1946年香港的股票，仍以西人投資為多，華人買股票的很少。但是到了1947年，國共和談破裂，國內爆發內戰，國民黨的通貨膨脹政策令到工商業家紛紛把資金調回香港，這些資金暫時全無出路，便向股市投資，因此伊利斯制定指數之初，適逢這一時機，他的指數便由初創的100不斷上升，升到

1947 年秋後的 155.82。

1948 年伊利斯指數，最高是 148.68，最低是 134.05，這兩項高低指數，也反映出 1948 年香港經濟的動向。

1948 年國內的形勢又比 1947 年更不穩定，內戰進行得更為激烈，資金逃港的更多，照理股市應有更多的資金投入才對，為甚麼指數反而不及 1947 年的最高點，而從最高的 155.82，滑落到 148.68 呢？原因是，當時外商對中國的看法，紛紛認為應是一個「觀望的時候」。他們對國共進行的國內戰爭，保持觀望的立場，對於國民黨政府，一般認為已是大勢已去，但對於新政府的政策，還未認識。因此他們對香港的前途，也有著「五五波」的看法，在樂觀與悲觀之間徘徊，故當股價上升時，這些外商就拋出手上的股票，當股票下跌時，又買回來，形成一個牛皮市。

我們從伊利斯指數，可以看出 1948 年香港股市的「牛皮」情況。當年最高指數是 148.68，最低指數是 134.05，高低比例相差為 10% 左右，可見波動極為輕微，這種情況反映出洋商對中國國內的局勢，仍處於觀望狀態。而從國內帶著資金來港的華商，亦未敢對本港前途過於樂觀，因此股市就出現這種牛皮狀態，最高和最低相差不過 10%，股價的變動十分輕微。

到了 1949 年，情況急劇轉變，伊利斯指數，最高為 138.37，最低為 123.32。原因是，中國局勢急轉直下，英國的戰艦「紫水晶」號被擊退離開長江，轉返香港。新中國成立，當時很多洋商，對香港的前途，多表示不樂觀，他們拋出手上的股票，紛紛作回到祖家去之計，因此股價下跌。

1949 年的伊利斯最高指數為 138.37，比 1947 年最高指數

155.82，下跌差不多 20%。最低指數 123.32 比 1947 年初設立指數不久的 123.88 還要低，這可以反映上述的局勢是發展急劇的。

伊利斯於 1950 年逝世，此後就沒有反映本港股市的指數出現，直到 1962 年。恒生銀行制定了恒生指數，才有反映香港股市的指數重現。自 1950 到 1961 年這十多年之間，可以說是洋商大退卻的時期，香港證券交易所的經紀席位，也是在這段時期內，大量注入華人會員，使整個股票市場，成為華人的天下。

香港初期的股市，由洋大班經營，已如上述，到 1932 年，華人股票經紀並不多，戰後的 1946 年，漸漸又增加華人經紀，但在比重上，仍是洋人佔盡優勢。但目前的情形則完全相反，華人經紀佔絕大的優勢。這一轉變是從 1950 年開始的。

雪廠街又名「鱷魚街」，亦足以說明上述的情形。為了便於說明，茲將《1950 年經濟年報》中的一段有關香港股票市場的記述，引錄於後：

> 作為香港金融性商品投機第二大的市場——股票市場，過去一年來的趨勢，卻與黃金市場同一命運，走著不斷向下的斜路。……
>
> 股票市場今年買賣的淡靜，可以說是戰後以來之最淡靜者。往年鱷魚街（雪廠街有鱷魚街之稱，香港證券交易所位於該街，同時亦為銀行區，戰前股票經紀於交易時，麕集於交易所門前，若干從事於股票投機者，逢旺月出陣，找足一年皮費即乘桴浮海，到來春再來。此等人有鱷魚之稱，因此雪廠街也就得此雅號）的熱鬧，

現在已告銷聲匿跡。「二路經紀」數目也減少了，會員
牌位，黑市價從六萬元跌至二萬七千元，概可想見。

1949 年一年來的股票交易（迄至十二月份頭三周
止），交投共約三百八十多萬股，總值五千八百多萬港
幣，比對去年一億四千八百多萬元，萎縮了近百分之
七十。每月平均交易四百八十餘萬，比對去年每月平均
一千三百萬元，亦即等於去年生意的三分之一。

華人經紀控制股票市場

雪廠街又名「鱷魚街」的原因，就是和炒股票有關，照上述
的引文的敍述，戰前香港股市有「旺月」和「淡月」之分，亦有
「二路經紀」，究竟甚麼是「二路經紀」，甚麼才是「旺月」、「淡
月」呢？怎樣才算「鱷魚」呢？

原來鱷魚是水陸兩棲動物，牠們上岸覓食，吃飽了之後就下
水逃去無蹤，用鱷魚來形容那些外籍股票炒家是相當貼切的。他
們在旺月來香港炒股票，賺夠一年皮費之後，就乘船回祖家去，
情況有如上岸飽吃一大頓的鱷魚一樣。

至於「二路經紀」，就是上文說過初期買賣股票的洋行的買
辦，他們的大班是股票經紀會的會員，他們的職位是「華人買
辦」，即凡與華人買賣的事務，都由他辦理買賣手續。華人買辦
一向以抽佣金作為經常收入，買賣股票時，他也照收佣金，他介
紹生意給洋大班，洋大班也有回佣給他，這些買辦就是初期的「二

路經紀」。到了 1932 年，買賣股票的華人漸多，很多經紀都需要聘請華人拉生意，這些拉生意給經紀的人，就是「二路經紀」。

此外，股市的「旺月」，那是指每年陽曆的 3 月和 4 月之前的一兩個月，這因為 3 月和 4 月通常是各股份公司宣佈上年業績之期，大多數股份公司會在這期間宣佈派息或送紅股，所以在派息宣佈之前，謠言滿天飛，不是説某公司去年賺大錢，今年加派利息，便是説某公司積金積累太多，今年一定送紅股。因此股價多在派息前上升。所謂「旺月」，就是人多買股票收息的月份。這種情形，歷年都有，行內稱為「炒派息」。只因現時的上市公司很多，各公司的派息期不集中在 3 月與 4 月，故不形成「旺月」，但聽到某一種股份派高息及送紅股，立即有人就買這種股票，做成這股份的市價節節上升，這種投機現象到目前為止仍然存在。等到派過息之後，每年的 6 月，就成了「淡月」，那些「鱷魚」便到外洋去遊埠，或返祖家度假去也。

1951 年之後，香港很多洋商，看到上海的洋商紛紛垂頭喪氣回到香港來，他們因此擔心香港終有一天像上海租界的情況一樣，因此紛紛作返祖家的打算；原來由洋人創辦和佔絕大勢力的證券交易所，有很多洋經紀都把經紀席位賣給華人。從前那些「二路經紀」，大多數成為正式的經紀，於是交易所的經紀，便以華人席位佔大多數。

戰後初期，一個經紀席位的轉讓價為六萬多元，到 1951 年跌為二萬多元，原因是股市在 1951 年全面不振，成交額少，股價下跌，洋經紀紛紛作歸家計。大部分「二路經紀」都是華人，他們有經驗，也有積蓄，便乘低價買了洋經紀的席位，由「二路經紀」

變為正式的有牌經紀。由於華人經紀佔大多數，他們為了擴展業務，少不免鼓勵朋友買賣股票、傳播買賣股票的知識等等，因此吸引更多的華人買賣股票，從前被稱為「鱷魚」的多屬洋經紀，這時已經有華人的「大鱷」。到了 1953 年，交易所華人席位佔三分之二。

　　股票市場的洋經紀的退出，以韓戰爆發為最大主因。因韓戰爆發後，1951 至 1952 年這兩年，本港局勢最不安定。英軍經常在邊境演習，戰爭的陰影使洋經紀寢食不安，故紛紛以低價賣出席位給華人。當他們大部分退出之後，韓戰停火，本港局勢相對安定，股市又復起，很多洋經紀又不作退出的打算。

　　1955 年的《香港年鑑》有〈一年來之香港股票〉一文，其中一段寫道：

　　　　去年（1954）香港股市有許多特點值得報道：（一）證券交易所增加許多新公司的買賣極多的股票，例如會德豐紡織、南洋紗廠、淘化大同，聯合企業、油麻地小輪、鋼業公司等是。此為股市交易總值增加原因之一。（二）舊公司增開新股者頗多，例如牛奶公司、屈臣氏、會德豐、橡膠信託等是，增加新股之後，股票交易亦隨之而增加。（三）現時交易所會員，共六十名，其中四分之三為華人，股票買賣的對手亦以華人為多。照近年趨勢，西人似逐漸退出香港證券市場。

雪廠街舊貌。

　　原本由西人創辦，由西人控制的證券交易所，到了 1954 年，已由華人控制，這種趨勢後來並不擴大。隨著股票買賣日有增加，交易所需要擴充更多的席位以供需求時，很多西人已回來爭取席位，不過照比例，華人經紀席位亦有所增加，始終仍然是華人經紀佔大多數。

　　雪廠街的股票市場，就是這樣由西人控制而變為由華人控制。這條街的樓宇，從前沒有華人業主，但現在的大廈，已有不少是華資的了。

賭風難禁　政府乾脆介入

麥當勞道和孖沙街

　　麥當勞道（舊稱麥當奴道）在半山區，與堅尼地道銜接，是高級住宅區所在地；孖沙街在中環文咸東街與蘇杭街之間，街上有金銀業貿易場。這兩條街道一在山上一在山下，為甚麼要連在一起來談呢？因為麥當奴（Richard Graves MacDonnell, 1866–1872）是香港第六任總督。而孖沙則是麥當奴總督任內的輔政司，他是麥當奴政策的執行者，故此應聯繫起來談才有意義。

　　麥當奴於 1866 年繼羅便臣之後來港就職。他在香港最大的貢獻是建立東華醫院。但他用以建立東華醫院的經費，來源卻是從開賭得來。因此他是一位以賭行善的始創者。今日的六合彩據説又可博彩又可做善事，倒與麥當奴當年大開賭禁，寓禁於徵的做法有點相似。

　　不過，麥當奴開賭之初，並未打算行善，只是因為後來太多人反對他的開賭政策，才將賭餉中的一部分金錢，撥作建設東華醫院之用。關於麥當奴開賭的經過，應先追溯他的上幾任港督任內的情形。當時香港由於警察內部貪污之風極盛，包娼庇賭幾乎是公開的事，是以香港賭館林立。

　　從 1844 年開始香港就有很多賭檔，隨著勞動人口的增加，賭檔亦不斷增加。雖然 1844 年香港已訂立《禁止賭博條例》，卻未因而禁絕賭博，反而使賭館大增。究其原因，是這一條例對開賭及賭徒都只是罰款了事，不能起阻嚇作用。

第六任港督麥當奴。

近纜車徑一段的麥當勞道，約
1918 年。（由陳照明先生提供）

麥當奴大開賭禁後，香港賭館迅即增加。

　　由於禁止賭博刑章只罰款，因此開賭者遇到警方拉賭時，極其量是代賭徒繳罰款，向賭徒保證遇事時賭場主人可以「照保」，於是賭徒就可以放心入賭館去。警方亦利用此種形勢，向賭館收規，賭館主人亦樂於向他們行賄，因為行賄之後，一切都有預算，避免了在賭場最旺時警方來「冚賭」，以致繳納的罰款太多。

　　警方受賄之後，對賭館並非絕不採取行動，他們和賭館主人其實已有默契，每月例行「冚賭」兩三次，但事前卻通知賭館，叫他請備一群「替死鬼」在賭館裡等候警方光臨。每次例行拘捕十餘人，繳納罰款了事。於是警方可以說經常破獲賭檔，用以掩飾他們受賄，又可粉飾他們的成績。這麼一來，賭館無形中便以半公開的形式出現。

　　到了 1867 年，這種情形仍然繼續，因此在該年 5 月 22 日的立法局常會中，議員域陶建議檢討 1844 年的《禁止賭博條例》，認為目前賭館這樣多，警方雖然不斷拘控違例者，賭風仍然無法禁止，這顯然是從前的條例未能發揮禁絕賭博的效力。港督麥當奴表示，對於賭博問題，應從兩方面去看：第一是華人嗜賭成性，是以禁之不絕；第二是執行禁賭的執法者貪污受賄，也是未能將賭博禁絕的原因。要禁絕賭博，應從這兩方面去考慮。這一次立法局會議，是麥當奴推行開賭政策的先聲。他的意思是，既然華人好賭，又向警方行賄，就應該將賭博納入正軌。

　　5 月 22 日的立法會議，只是提出檢討 1844 年的禁賭條例，並沒有結論。但到了 6 月 17 日立法局開會時，一條令人意想不到的法例在會上通過。這條法例名為《維持社會秩序及風化條例》，任何人都想不到這樣的條例會和公開賭博有關。原來該例第十八條，

是論及社會秩序和風化與賭博的關係。大意說：香港非法賭博極為盛行，影響社會秩序與風化最大，但現行法例又未能收禁絕賭博之效。為了取締這種影響風化與秩序的非法賭博，本例授權給總督，俾能制定法規，將一切非法賭博禁絕。就是說，賦予總督權力去決定用何種形式去禁絕賭博，他認為公開賭博時可以禁絕賭博就可以開賭。總之，這第十八條是給予總督決定之權。

這條法例由 1867 年 7 月 1 日施行，因此麥當奴就決定 7 月 1 日公開賭博。他授權給輔政司孖沙宣佈他認為最佳禁絕賭博的方法就是繳餉開賭，於是招商承投賭館，出價最高者可得開賭之特權，就像現時每次開投的士牌照一樣，價高者得。由總登記官及警務處長負責此事。這麼一來，那些經營非法賭館的人，就立即競出高價承辦賭館了。

當時規定全港賭館共十二家，等於只發十二個賭館牌照。這十二家賭館分佈的地區，由西營盤至灣仔，原則上每區開設三間賭館。

當開票之日，最高價是一萬元，即全部賭餉共十二萬元。於是 7 月 1 日起，香港由西營盤、上環、中環以至灣仔，共有十二家賭館宣告啟業。

當時的賭館只准開設番攤，並不像後來那些非法賭館有各種形式的賭博。因此實際上是公開了番攤的賭博，其他的賭博仍屬非法的，都在禁止之列。也就是說，雖然公開了賭博，當時香港仍有非法的賭館，仍有貪污包賭存在。

孖沙是輔政司，當時很多教會人士曾向他質問為甚麼公開賭博，他說這政策可以為香港帶來一筆收益，也可以繁榮香港。於

是社會上開始形成一股反對開賭的潮流，他們向輔政司列舉開賭有害的事實，對公開賭博提出強烈的反對。上書反對開賭的名流，有牧師查理士‧華倫、伍廷芳和其他紳商等。

麥當奴在開賭後二十九天，即 7 月 29 日用書面回答反對者，大意說政府此舉，是最有效的管制賭博的辦法，同時也阻止了不肖警員勒收賄款的貪污行為，而且又為政府增加了收入，可以為建設香港辦許多事。有何不可呢？

反對公開賭博的社會名流，只好向英倫請願，要求英國國會採取行動，制止在香港公開招商承辦賭館。是年 12 月 3 日，議員丹頓在國會提出質問：「香港公開賭博，有沒有考慮到這是違反文明的政策？賭博有害，文明人都知道。」

但是，英國並未訓令香港總督禁止開賭。1868 年又公開承投賭餉。這一次出價更加高。因為上年只是由 7 月 1 日起至年底止，只半年之期，1868 年是由 1 月至 12 月，故賭餉高出第一次的餉銀達一倍有多。

招商開賭之後，社會秩序與風化是不是真的一如《維持社會秩序及風化條例》所賦予的神聖任務，真的能夠達到維持社會秩序的目的呢？最佳的答案，可由當時的按察司史美爾來回答。史美爾在 1870 年間，主審多宗刑事案件時，曾發表意見，並記錄在高等法院的檔案中。他的意見說：「自從公開賭博以來，本港的刑事案件以及犯罪的人數與日俱增，社會秩序並不見得改善，風化也未見良好。政府這種開賭政策，必須重新檢討。」

原來自開賭以來，不少商行職員虧空公款被控於法，偷竊及劫掠案件亦日增，有不少賊贓被查出抵押在賭館內，甚至有公務

員因賭敗而挪用公款，故史美爾有這樣的意見。

公開賭博到 1871 年 1 月 12 日，是第四度開投賭餉之期，賭商何亞錫竟以每間賭館出價一萬五千八百元最高價投得，全年共納賭餉十八萬九千六百元。比上一年的十五萬元的賭餉，增加三萬餘元。當時中西商人，認為長此下去，必然引起商業蕭條。華商聯合起來，蓋章上書英國反對。

華商反對開賭，已經不是從道德觀念出發，而是從實際情形出發。原來當時從內地採辦西土貨來港的商人，到了香港賣出西土貨後，多採購北路貨物及洋貨運返內地。由於開賭，不少西土貨商賣出貨物後將款輸光，沒有辦法再採購北貨及洋貨回去，於是造成了南北貨業務不振，洋行生意亦大受影響。因此中西商為自身的利益計，不得不發動龐大的反賭博運動。

各商號蓋章於請願書上，聯合洋商一齊上書倫敦，反對開賭。當時麥當奴正返英度假。反對開賭的請願信到了倫敦，麥當奴設法為他的開賭政策辯護，但英國方面發覺反對開賭的理由並非文明與道德，而是現實的貿易問題。因此訓令麥當奴以後不能再開賭。

麥當奴是在 5 月初返英國度假的，到了 10 月仍未回任，仍由輔政司孖沙代行港督職務。當時市面上傳出消息，說麥當奴可能不會回任，因為英國極不贊成開賭，故消息說將委任另一位港督回港禁止公開賭博。可是到了 12 月，麥當奴仍然回任，於是港人大表失望。

當時港人還未知道英國處理香港事務是有一定的手法的，英國是用解鈴還須繫鈴人的手法處理香港事務。人們以為麥當奴回港，一定會繼續開賭了；不知道英倫是訓令他回來停止開賭，並

且訓令他將四年來開賭所得的賭餉不得撥作政費。

麥當奴在 1871 年 12 月返港之後，下一個月就是新的賭餉開投之期，人們以為政府到時又會再開投賭餉的，想不到 1872 年 1 月 12 日賭商何亞錫突然接到政府的通知，限令各賭館於合約期滿後即全部停止營業。

原來賭館承餉的合約，是每年由 1 月 20 日起，至明年 1 月 19 日止的，12 日那天不僅不再開投賭餉，而且還在各賭館門前，張貼通告，限令各賭館在 1 月 20 日那天結束營業。

當時輔政司孖沙已經調返英國，新任輔政司柯士甸，成為執行禁賭政策的人。他在 1 月 20 日公佈禁止一切賭博，但他不承認開賭使社會蕭條和治安極差，反說由於社會秩序已告改善，故而不必開賭。他的佈告頭一段寫道：

> 為佈告事。查本港地方，前經政府核准承商領牌開設賭館，其目的為防止警察受賄，及制裁盜匪免使滋蔓，四年以來，著有成效，外商僕役盜竊僱主財物之事，漸見減少，私賭亦久經絕跡。近來地方治安，社會秩序均大有進展。故由本月 20 日起，所有開賭牌照一律宣佈取消。嗣後本港、九龍及所屬鄉村地方，一切大小賭博，悉行嚴密查禁。督憲現正籌商善法，務將所有賭博剷草除根，免人民受其害。

這佈告是一篇妙文，它既說賭博害人，但又說開賭能制裁盜匪，使社會秩序及治安有進步。

「義祠醜聞」促成東華醫院創辦

　　麥當奴雖然開賭，但他也為香港做過兩件事，一件是建成東華醫院，另一件是確定港元制度，這兩件事對後世，都帶來好處。

　　先談建立東華醫院的經過。東華醫院建院的經費，一部分是由開賭四年以來的賭餉撥出，而大部分是由華人籌集。在未興建東華醫院之時，曾發生過一件「義祠醜聞」事件。

　　就在麥當奴開賭之後不久，即 1869 年 4 月 20 日，住在太平山街附近的居民騷動起來，指責附近的一所「義祠」臭氣薰天，祠內祠外滿是死屍或行將謝世的病人。這件事引起全港市民注意，西報記者到義祠去採訪，翌日在報上發表評論，形容「義祠」為人間地獄。

　　到底「義祠」是甚麼東西呢？它其實是一所勞動者的公共祠堂，是用來安放無主孤魂的靈牌的地方。香港開埠初期，來港出賣勞力者多是貧苦的人，他們一旦身故，就無法通知鄉間的親人來港辦理喪事，故多由同鄉們捐款草草殯葬，使得當時香港各處墳場出現了很多義山。但有義山還是不夠的，因為死者親屬也是窮苦中人，他們沒有能力運棺回鄉遷葬，所以發起建立義祠，用以安奉死者的神主牌位。死者親屬來港，帶這個神主牌返鄉就較為簡便。義祠就是在這種情形建成的。後來義祠變了質，很多病重的勞苦大眾，由於缺乏一所華人醫院，他們就被扛到義祠內等死。

　　義祠因為住滿了病重的窮苦病人，有些病人已經死去，有些垂危，有些患腹瀉等病的乏人照顧，因此祠內環境非常污穢。4 月 20 日那天，由於死的人多，加上平日來收屍的人卻有幾天沒來收

屍，故而臭氣薰天，附近居民表示不滿，便爆發了這件醜聞。麥當奴當時曾親自下令撫華道立即改善義祠的環境，並委任史超活和利士他兩位議員負責調查這件事。

調查結果，認定這件醜聞的發生，完全是因為香港缺乏一所華人醫院而引起。假如有一所專為華人而設的醫院，病人住院留醫，就不會到義祠去。因此麥當奴便撥出官地，並從賭餉中撥出部分經費，作為興建東華醫院之用。當時香港華人團體，以及海外僑胞亦熱烈捐款響應。幾個月間，就籌得一筆巨款，在普仁街現在的東華醫院的地址上奠基建築。

東華醫院的奠基禮由麥當奴主持，時為 1870 年 4 月 9 日。到 1872 年 2 月 14 日落成，仍由麥當奴主禮。港府資助建院經費共十一萬五千元，這筆款項只及四年賭餉總和的五分之一，賭餉的其餘五分之四，則用以改善警察的福利和改善華人教育。

麥當奴確定港元制度，主要是在香港建立造幣廠，而負責執行實際工作的，是輔政司孖沙。在麥當奴任港督以前，香港還未有自己的貨幣。原來香港開埠初期，幣制非常混亂，原因是香港原是中國領土，居民所用的是中國的錢幣。小額買賣用的是中國的銅錢，大宗交易是用中國的銀兩。銀兩是用重量來計算的，計算單位分別為兩、錢、分、厘。外商與中國貿易，也是用銀兩為計算單位。外商來中國購貨，也帶備銀兩以便交易。故此早在乾隆年間，就有很多外國銀元帶到中國來。這些銀元每個重約七錢二分，中國商場上不管是甚麼銀元，一律以重量計算，由於一個銀元重七錢二分，商場交易又以兩為計算單位，於是就有很多割裂了的銀幣。例如以一兩銀購買一件貨物，便得以一個完整的外國銀元作七錢二分計，

再將另一個銀元割出一塊重二錢八分的，合為一兩，那割裂的一小塊重二錢八分的銀元，以及另一大角剩出來的四錢四分的銀元，仍照樣行使。有時購物三錢銀，又可以將那半邊的重四錢四分的，割出三錢，餘下的一錢四分的小半邊的銀元，仍可行使。因此初期香港的貨幣，除了中國的銅錢之外，市面流通的貨幣還有中國的銀錠、各國的銀元，以及各種銀元的割裂的小銀元塊。但英國是用金鎊為貨幣單位的，香港既由英國統治，香港政府的財政收支計算當然亦以英鎊為單位。當時規定一銀元兌四先令四便士。

這種情形自 1841 至 1862 年維持不變，在這二十多年當中，官方財政收支，以英鎊計算，民間通用的銀幣和銅錢，仍用中國傳統習慣。港元這名詞還未出現，即反映香港仍然沒有自己的貨幣，這自然會引起很多不便之處。

到了 1863 年，在羅便臣任港督時，才開始研究在香港使用香港自己的貨幣。他設計的香港貨幣要顧慮到兩點：第一，要與英鎊有聯繫；第二，又要和中國商場習慣不抵觸。當時中國既流行各國的銀幣，如西班牙銀元、墨西哥銀元。則香港的貨幣，應以銀元為單位，就不妨礙中英貿易，而這種銀元，與英鎊有一固定的匯率便不妨礙港英之間的財政結算。因此從 1863 年開始，港元的制度開始確立。

首次發行香港銀元

不過，第一個港元並非由羅便臣發行，當時他向英國訂製了

三種硬幣來港，但都是輔幣，並非香港銀元。那三種硬幣是面額
一仙的銅幣、千分之一元的香港銅錢，和面額一毫的銀幣。一個
香港銅仙，等於十個香港銅錢；十個香港銅仙，等於一個香港的
一毫銀幣；十個一毫等於一個香港銀元。一港元值一千個香港銅
錢，故當時的香港銅錢，上面鑄有「香港一千」的中文字樣，所
謂一千，即千分之一元。

香港銀元在麥當奴時代出現，孖沙則是實際執行者。

1866 年麥當奴在香港主持香港造幣廠揭幕典禮，在香港鑄造
香港銀元。香港造幣廠的地址在銅鑼灣現在叫「糖街」的地方。
廠長是乾打氏。當時輔政司孖沙發表佈告如下：

輔政司孖沙為佈告事，照得香港造幣廠，現定於五
月七日開幕，茲將去年十二月二十日總督麥當奴會同行
政委員會委員關於此事之議決案公佈執行之事項，計開：
（一）香港造幣廠定於五月七日十一時開幕。（二）免
費代鑄英國通用銀元以一個月為限。如有舊銀元、銀錠、
銀條、銀屑，均可收受代熔代鑄銀元。（三）如屬銀元，
須先熔成銀條者，則徵收費用照所值十分之一。（四）
如交來代鑄之銀元，其銀質比英國通用銀元為低者，則
徵收費用按所值十分一，所餘之雜金屬退還原主。（五）
代鑄不得少過五千安士。（六）如欲免費代鑄新幣，仰
將熔鑄品自行送至東區銅鑼灣香港造幣廠，逕晤廠長乾
打氏先行接洽可也。此佈。一八六六年四月二十日示。

這張佈告説明了麥當奴和孖沙，是正式確定港元的地位，是主持發行港元的人物。

當年由香港造幣廠鑄造的香港銀元，有一元面額的，直徑約一吋半，正面為維多利亞女王像，上下邊均為英文字。背面正中為中國「鑄」字。

當時除一元銀元外，還鑄造半元銀元。半元銀元中文字稱「香港半圓」，但英文字則稱五十仙士，即今之五角。此外又有一毫的銀幣，和半毫的銀幣。半毫即五仙。連同羅便臣時代發行的香港一仙及香港銅錢，港元的體制就確定了。故麥當奴和孖沙，是制定香港幣制的人。

香港造幣廠雖然於麥當奴在任期間開幕，但同樣在其任間結束。造幣廠於 1866 年 5 月 7 日開幕，到了 1868 年 1 月 1 日就宣佈結束。結束的原因據説是虧本太大，該廠以四十萬元開設，代商人鑄造銀元只收十分一的鑄造費，即鑄造一元的銀元，只收一毫鑄工，不足以彌補龐大的開支。同時，造幣廠只屬加工廠，並非發行貨幣的機關。麥當奴發現代人鑄造銀元，不合貨幣發行原則，是以把它結束了。

他結束了香港造幣廠，即等於收回發行貨幣之權。以後所有銀元都由英國鑄造，由政府發行。同時他又授權銀行發行紙幣，這種制度一直維持至今未改。我們現在所使用的硬幣，無論是一元或是二元，都是由香港政府發行，而紙幣則仍由港府委託銀行發行的。

1868 年 1 月 1 日結束造幣廠後，孖沙將鑄幣機器售給日本，而將廠址售給太古糖廠，用以生產白糖。因此這條街道，就名為

糖街。

很多人不知糖街的來歷，以為現在銅鑼灣小巴站的糖街並無賣糖的店號，為何會叫糖街？不知糖街上原有太古糖廠，而太古糖廠是用造幣廠的廠址開設的。後來太古糖廠遷往鰂魚涌，原屬造幣廠的廠址又拆去，沒有半點遺跡可尋，是以多不知糖街的來歷。

麥當奴和孖沙對香港的貢獻，除了因公開賭博而留下一條「以賭行善」的尾巴之外，是譽多於毀。現時的六合彩，規定將開賭所得作慈善用途，以及馬會從賭馬所得的收益，撥出部分辦社會福利，都是麥當奴和孖沙所首創的辦法。他們創辦了東華醫院，發行港元，制定香港的幣制，對香港都是有益的。因此，當半山區開闢道路時，就將其中一條馬路命名為麥當勞道，當皇后大道中至文咸街一帶的海灘被填土後，並開闢道路之際，就把與文咸街及乍畏街相通的一條街，命名為孖沙街。

孖沙街原是香港的金融中心

孖沙街是香港的金融中心，這件事很多人都不知道。這條又短又狹窄的小街巷，毫不起眼，怎會成為香港的金融中心呢？

原來，孖沙街上有一座金銀業貿易場。全港的黃金買賣都在這所金銀業貿易場中進行。黃金曾經漲價，金價的形成，就是由金銀業貿易場買賣雙方決定。

上文說過孖沙制定港元制度，而孖沙街又是今日的黃金買賣中心，是一條影響全港金融的街道，是不是因為孖沙與制定港元

有關，政府特地規定金銀業貿易場建於孖沙街呢？

　　原來這僅是巧合而已。金銀業貿易場原先並不是設在孖沙街上。在光緒年間，孖沙街既無錢莊又無金舖。街上的舖戶，大部分是出售布匹和衣箱及銅具，完全沒有和金融有關的店舖。它是屬於蘇杭街和文咸街的一條輔助街道。

　　文咸街是南北行擴展的一條街道，近孖沙街一段多藥材行和海味雜貨行莊。乍畏街因街上多出售蘇杭貨物的店舖而稱蘇杭街。故此初期孖沙街近蘇杭街一段的店舖，亦多售布匹、綢緞、婦女日用品等。而近文咸街一段，多為海味雜貨店及參茸藥材店。至於孖沙街的中間則有幾家銅器店。

　　查香港金銀業貿易場成立於 1917 年，至今已有超過一百年的歷史了。初期的金銀業貿易場並非設在孖沙街，它只是一間小舖，最初位於德輔道中，而且舖址並非自置。由於會址是租來之故，舖租昂貴之外，又常常被業主迫遷。三年至五年的租約滿後，又要遷出，唯有另行覓地營業。據資料所示，香港金銀業貿易場的會址曾經搬遷過三四次。從 1917 到 1926 年這十年當中，金銀業貿易更因舖址不足曾數度在路邊交易。

　　到了 1927 年，金銀業貿易場主席鍾達清，副主席馮民德，建議為一勞永逸計，應購置會址，以免搬遷之苦。當時由鍾、馮二君發動全行捐資自置會所，港九各金舖銀舖都熱烈響應，恰巧孖沙街上有一間舖位出售，便買了這一間舖作為會址之用。

　　這是一間面積細小的舖位，即孖沙街十四號，以一間普通商店的地方來進行黃金買賣，隨著社會經濟的發展，顯然是不夠的。到了 1930 年，香港的金舖和錢莊越開越多。加入為會員，從事黃

金買賣的出市代表亦相應增加，小舖位已不足應付，出市代表們買賣黃金又要擠到門外的街上來。每到金融緊張時，整條孖沙街都擠滿了出市代表，叫價的聲音籠罩了全街。

　　1923 年，鍾達清復任主席，他和董仲偉、張華、林癸生、葉達湖、梁少初、吳卓文等計劃以重金購買與十四號相連的十六號和十八號兩間舖位，改建為一所大型的金銀業貿易場。由 1934 年起興建，至 1935 年 6 月 28 日落成開幕。

　　當時襄助興建新會址的還有伍宜孫、何善衡等數十位知名同業。到了戰後，會址又不敷應用了，改建成了一幢現代化的大廈。

在孖沙街擺賣的熟食小販。

坐落於孖沙街的金銀業貿易場。

伊利近街是著名的泥街

港督寶靈曾派兵攻打羊城

伊利近街是與中環荷李活道鄰近的一條古老街道，位於鴨巴甸街與卑利街之間，這條街有一個別名，叫作「泥街」。在六十年前很多香港居民簡直不識伊利近街，他們只知有「泥街」，甚至寫信也寫「泥街」，但郵差一樣可以將郵件按址送到，這因為「泥街」之名已約定俗成。

現在雖然仍有人叫它作「泥街」，但大多數街坊都知道「泥街」即伊利近街。至於伊利近街為甚麼稱作「泥街」呢？說來也極有趣。

查伊利近街開闢的時候，與必列者士街同時開發，當時這條街道仍是泥路。本來很多古老街道初開路時都是泥路，但別的街道不被稱為「泥街」，可見伊利近街被稱為「泥街」並非因為初期是泥路之故。由於伊利近街是一條斜路，從堅道上面傾斜而下，當它建成三合土道路時，每逢雨天，整條街都是泥濘，特別是在街口的地方，即近荷李活道一帶的泥漿最多。

考其原因，是半山上的浮泥，被雨水從上面沖下，伊利近街兩邊的下水道不能充分承接急流而下的泥濘，泥濘便從兩邊水渠溢出路面。於是到了雨停之後，整條街就佈滿泥漿，而在街口處，因傾斜度不大，積聚的泥就更多，因此形成該街道一種特點，就是經常泥濘滿街，這就是人們稱它為「泥街」的原因。

後來，伊利近街的渠道雖已改善了，但遇到下大雨，街上依然是佈滿泥漿。故此這條街，一些人仍稱之為「泥街」的。

　　伊利近街究竟是用甚麼人的名字命名的呢？查「伊利近」三字，英文寫作 Elgin。這人在中國的歷史書籍上，有個通用的譯名，甚至在清代的官方文書上，也用這個統一的譯名——「額爾金」（Lord Elgin），他是第二次鴉片戰爭時的主角。

　　額爾金是一位伯爵，1856 年以前曾任牙買加總督及加拿大總督。當 1856 年 10 月 8 日，廣州有一艘在香港註冊的綠殼船「亞羅」號，被中國水師登船拘捕了十二名海盜之後，當時的香港總督寶靈，認為中國水兵到英國船上捕人是侵犯英國的尊嚴，就此惹起了「亞羅戰爭」來。因為，當時的香港總督的地位，並非只限於處理香港事務，他的全銜是：「英國駐華全權公使，英國駐華商務總監，香港總督」。因此寶靈有權發動對華戰爭，當時他派遣駐港的英國炮艦到廣州去發炮亂轟，也派兵攻城，但被廣州的英勇軍民打得落花流水，英艦被迫退出珠江。戰爭既已爆發，港督寶靈騎虎難下，唯有向英國求助。因此英國便派了額爾金到來，作為發動全面戰爭的統帥。額爾金就是在這樣的歷史背景下，從英國調來香港的。他來香港之初，先到巴黎，後到錫蘭。

　　額爾金是在 1857 年 4 月離開倫敦的，他離英之前，英國首相巴麥尊告訴他印度的情況混亂，最好是聯合法國一起行動，是以他先到巴黎去，和法國政府共謀大計，然後到錫蘭住了幾天，探探印度方面的消息。他在 6 月 1 日抵達香港，就住在港督府內。

　　自從 1856 年 10 月底港督寶靈掀起「亞羅戰爭」之後，到額爾金抵港時，戰爭狀態已持續了半年有多。在廣州，人民已組織起來，對付入侵之敵，並且抵制英國貨，使香港的英商蒙受頗大的損失，是以港督寶靈，急於要爭取勝利，主張額爾金立即揮軍攻

入廣州。但是 6 月 3 日，印度人民起義，向各處英軍攻擊，印度總督向額爾金求救的急件送到香港時，額爾金只好把帶來的海陸軍，全部又調往印度去，他也非常焦急。

根據華爾倫所編的《額爾金勛爵的信件和日記》中的一封額爾金寫給他的太太的信透露，當時在香港的英國海陸軍將領，都認為必須打下廣州，「在廣州的絕對勝利，將是在別處進行成功的談判的好的開端」。這是當時自港督至軍官及英商一致主張的戰略。額爾金亦認為不錯。不過這時印度的起義暴動此起彼伏，額爾金不得不立即離開香港，趕往印度去鎮壓印度人民的暴動，甚至連香港的駐軍也調了去。

額爾金鎮壓了印度的暴動之後，在 9 月中回到香港。後來，他知道兵力不足，必須借重法國的兵力。到了 10 月中，法國全權代表葛羅到達香港，便到港督府去和額爾金會商進兵廣州大計。

英法的炮艦和軍隊這時源源抵港，維多利亞港內，幾乎不見了商船，海面上滿佈軍艦。英法聯軍已有足夠的兵力，發動一次大規模的侵略戰爭了。但當時廣州方面的兩廣總督葉名琛還視而不見，並沒有提高警惕，準備應變。

及到英法艦隊駛入珠江口，長驅而至廣州面前，排好了一字長蛇陣的陣形。葉名琛仍以為他們虛張聲勢，只有四鄉和城內城外的人民，才知道大戰將要爆發，很多人已將家人搬到遠離廣州的鄉村避難，熱血男兒則準備殺敵。

額爾金在 12 月 20 日從香港乘炮艦到廣州，沿珠江巡視一周，見陣勢已佈妥，於是下令在 12 月 28 日向廣州發炮，先摧毀羊城，然後才登陸。因為他們害怕遇到英勇的「平英團」，不得不用這

種戰術。

　　第二次世界大戰時期常用的「地氈式轟炸」戰術，其實在
1875 年已有，只是當時還沒有轟炸機，用的是炮艦上的大炮。發
明這種戰術的人，應是額爾金。他下令所有炮艦，連續發炮七十二
小時，即三日三夜不停地向廣州亂轟，作地氈式的炮轟！

　　廣州被炮轟三日三夜，城垣被摧毀了，民房被炮火轟中而引
起大火。死人無數，災民遍地，在
這種情形下，英法聯軍才敢登陸入
城。

　　迂腐的兩廣總督葉名琛為表
示他的堅貞，竟在總督府內不走，
任由敵人俘擄。額爾金擄到葉名琛
後，就把他監禁在自己的旗艦上，
他希望葉名琛出面勸告廣州市民不
要和英法聯軍作對，因為英法聯軍
摧毀這個城市容易，要統治這個城
市，要市民不要與他們為敵就難。
額爾金急於利用葉名琛成立一個聽
命於他的傀儡組織，以便瓦解民間
對他們不斷的攻擊。

　　原來，當額爾金登陸後，發現
廣州雖被炮轟三日，但在聯軍入城
到了很多地方都遭到民間的武裝力
量偷襲。有些聯軍的哨兵甚至被人

三十年代伊利近街與荷李活道交
界的香煙小販。

自荷李活道望向伊利近街，當時
的「泥街」尚存三十年代的特色。

斬去了頭，奪去了槍械。因此，他發現不容易長期佔領這個城市，除非得到中國官府協助，否則就要退回軍艦上。這是額爾金急於在廣州成立一個由他控制的政權的原因。

但葉名琛堅決拒絕，額爾金一怒之下，就將葉名琛押解到香港來，然後另覓漢奸組織傀儡政權。終於，他找到了當時的廣東巡撫柏貴。

柏貴早已想做兩廣總督，現在葉名琛被俘，他以巡撫身分就可署理總督事務，如今洋人肯承認他的署理兩廣總督的地位，他就甘願當這個傀儡政權的首長。

額爾金利用柏貴出面維持廣州的秩序，出示安民，派出傀儡兵勇駐守各處街道，勸市民回城安居。英法聯軍只駐守在各重要的據點，和嚴密「保護」柏貴。他在廣州成立一個軍事委員會直接指揮柏貴工作，然後率領一批艦隊和海陸軍返回香港。

兩廣總督葉名琛流落印度

額爾金回到香港後，先將葉名琛送去印度，以免香港附近各縣的熱血男兒來港製造暴亂，救出這位兩廣總督。然後，他又率領英法聯軍北上，準備打進北京。

原來英法雙方都有一個共同的目標，就是要強迫清朝政府「門戶開放」，所謂「門戶開放」，就是要有更多類似香港的地方，由他們控制。此外，是要打進清朝政府的心臟地帶，以便直接干預中國的內政。這兩個目標，前者就是開放五個通商口岸，後者

就是在北京設立有特權的外交使館。

　　當時清朝政府腐敗無能，加上英軍使用了最新式的「亞姆斯特隆」大炮，法軍也用上新製造的「拿破崙」大炮，這兩種大炮射程遠而又測量準確，用以對付配備落後的清兵，自然是佔了優勢。終於英法聯軍，攻進北京，屠殺擄掠，著名的圓明園就是在這一役中被燒燬和被掠去所有的國寶。不過他們在這場戰爭中並非很容易就取得勝利，而是要經過幾年的苦戰。

　　額爾金是在 1857 年 12 月 28 日炮轟廣州，到 1858 年 1 月 2 日才入城，1 月 9 日組成廣州的傀儡政府，到 1860 年 10 月才攻進北京，10 月 6 日掠劫圓明園，到 10 月 24 日下午簽了《北京條約》為止，經過是四年多的時間，才結束了「亞羅戰爭」。

　　額爾金與香港究竟有些甚麼關係呢？有人認為南九龍被劃入香港版圖，是他的功勞。因為《北京條約》內有這一項條款，南九龍即由界限街起至尖沙咀一帶的土地。但是，這片土地其實在

兩廣總督葉名琛於 1857 年英法聯軍攻陷廣州後，被俘送印度。

額爾金未揮兵北上時，已由巴夏禮威脅兩廣總督勞崇光而佔據了。額爾金只是在條文內加上些字據，作為既成事實的根據而已。

相反，額爾金來到香港，他是削弱了港督權力的人。在他未來香港之前，港督歷年的官銜都是以「英國駐華全權公使」的職銜列於第一位，而以「英國駐華商務總監」職銜列於第二位。他來到香港，首先是剝去了這兩個職銜，使港督的權力，限制在香港一地範圍之內，以後對中國方面的交涉，也只限於與廣東方面的接觸。所有對華事務，由全權大使負責。是以嚴格說來，額爾金對香港的建設，並沒有甚麼重大的貢獻。不知是不是這個原故，香港的城市道路設計當局，就把一條經常佈滿泥濘的街道，以他的名字命名？

1860 年時的香港，已經開發得不錯，以荷李活道為山腰主幹的街道網，基本上已完成。在 1850 年時期，是向山下開展之時，中區街道向荷李活道之下開展，伸向皇后大道中，伸向西營盤。1860 年即向上開發，聯絡堅道。伊利近街就是聯絡堅道及荷李活道的一條街道。論街道的規模，堅道無論如何都比伊利近街為佳，但城市設計者不以堅道作為額爾金的紀念街道，而以「泥街」給予命名，亦可見當時街道命名當局，對額爾金的印象了。

不過，額爾金當時從北方回到香港來，是受到全港英人予以英雄式的歡迎。他是在 1861 年 1 月 8 日回到香港來的，當時的港督已經換了人，不是約翰‧寶靈，而是羅便臣。羅便臣特於 1 月10 日，在港督府內舉行歡迎額爾金伯爵大會，儀式非常隆重，當時所有著名的洋行大班、外國駐港使節、駐港英軍將領、本港的高官及紳商，都應邀參加大會。額爾金在大會上致詞，誇耀他的

功績及英國人的光榮。

額爾金此行下一站並非返回英國，他在香港住了幾天，就到廣州去辦理善後。上文說過他在廣州成立一個委員會，控制廣州的傀儡政府。廣州城內還駐有英法聯軍，這時戰爭已經結束，這個委員會必須解散，聯軍必須撤走，這些事都要他去處理。

額爾金是在 1861 年 1 月 12 日由香港乘軍艦到廣州的。當時廣州的傀儡政權，不是由柏貴主持，柏貴早被北京的清廷皇帝洞悉他的漢奸嘴臉，派了勞崇光來任兩廣總督，勞崇光正是在這種情形下，被迫將南九龍劃入香港版圖的。額爾金赴廣州，另一工作就是和勞崇光談判進行官式接收南九龍的事宜。

額爾金告訴勞崇光，英國必須官式接收九龍半島之後，才將廣州的軍隊撤退。勞崇光沒法不答應。他希望聯軍快些撤走，是以也盡快決定官式移交九龍半島治權的日期。最後他定了 1 月 19 日（咸豐十年庚申十二月初九）舉行移交儀式。額爾金答應他正式移交後，兩日內就將在廣州的聯軍全部撤走。

額爾金官式接收南九龍半島的經過，中國方面的歷史書籍很少記載，故筆者特將個中情形詳為敍述，供研究香港史者參考。

額爾金接收南九龍半島的經過

1861 年 1 月 19 日，當天是星期六，香港派出海陸軍於早上即渡海到昂船洲對正的地方登陸佈置，因為按照條文，香港接收的土地，係以昂船洲對正的岸邊，劃一界線，作為新的中英邊界。英

軍在邊界上佈置，尖沙咀至這條邊界的道路，沿途亦有軍隊佈防。接收儀式在昂船洲對正的邊界上舉行，下午三時，港督同額爾金、巴夏禮抵埗。

當時一同觀禮的，還有當任香港按察司亞當氏，他是本港最高法院院長，自應參加。此外還有本港的英商和英籍治安委員等。

兩廣總督派了四位官員到來主持「授土」儀式，這儀式在中國歷史上是第一次，但也是最後一次。儀式由一位清朝官員，在邊界上拾起一塊泥土，用黃紙將這塊泥土包好，交給巴夏禮，然後由巴夏禮交給額爾金，作為將土地出讓之意。實際上是非常滑稽的。

不過，當時額爾金認為這是必須舉行的儀式。當巴夏禮接過黃紙包住的泥土時，軍樂隊立即奏樂，預先豎在地上的一支旗杆，這時也升起了米字旗。可見額爾金是如何重視這種儀式。後來很多歷史學者，對於這種滑稽的「授土」儀式，研究起來，認為這是十八至十九世紀西方殖民者所常用的儀式。他們在非洲，在美洲，對當地的土人部落征服後，常常迫令當地的酋長以泥土贈與他們，作為將土地讓與殖民者的象徵。額爾金曾任加拿大及牙買加總督，對此儀式自然重視，亦要隆重其事。

當軍隊奏樂，升旗之後，在昂船洲海面上的英國炮艦，立即也鳴炮廿一響表示慶祝，當廿一響禮炮響過之後，額爾金才取出一份寫定文告，交給巴夏禮宣讀。巴夏禮就用官話對著「授土」的清朝官員讀出。巴夏禮用官話宣讀的宣言如下：

英國特派駐華欽使伯爵額爾金，為宣佈事：照得大

必列顛國與大清國於一八六零年十月廿四日在北京簽立
條約，由大清國皇帝將廣東省九龍地方割讓於大必列顛
及愛爾蘭女皇及其嗣君，併入英屬香港管轄。查該處地
方原由兩廣總督部堂勞，於年前簽訂契約租借與當任駐
粵英領事巴夏禮者，當經本大使代表女皇陛下接收上述
九龍地方，劃定疆界，互相遵守。茲特宣佈公眾咸使知
聞。嗣後大清國官員不得在九龍地方行使職權。此地現
由英國政府管轄，設官駐守，執行統治，並遵照英廷樞
密院制定法規辦理，本大使遵照英廷授命行使職權。用
特公佈周知。該地現暫附屬於香港，由香港總督兼陸軍
總司令、海軍副司令夏喬士‧羅便臣全權統制，設官統
理一切大小軍民事務，專候英廷諭旨辦理。凡爾人民，
各宜凜遵。此佈。一八六一年一月十九日。天佑我女皇。
特簡欽使伯爵額爾金。

這宣言後來作為告示，抄寫數十張，在九龍各地張貼。這是
額爾金在香港留下的一張簽字的中文文件。這文件說明了當時九
龍半島是在英法聯軍在廣州時迫令勞崇光將九龍租予巴夏禮，其
後簽訂《北京條約》時才正式訂立條文割據。這正是「授土」儀
式時先將泥土交給巴夏禮的原因。

盧吉倡辦香港大學

盧吉道在太平山上，麼地道則在尖沙咀，而香港大學則在般咸道上。這三處地方分佈的方位絕不相連，為甚麼要拉在一起來談呢？

原來盧吉和麼地都是人名，他們是香港大學的創辦人，因此三處地方雖然分據一方，而實際上是有相連的關係。盧吉道的盧吉，早期譯作魯吉，他的全名為 J. D. Lugard。他在 1907 年 7 月 29 日來港就任總督。到任不久，在是年 12 月到聖士提反學校主持該校頒獎典禮。他在典禮中致詞，說香港已成為一個大城市，而尚欠一所大學，實屬美中不足。希望熱心教育的社會人士，致力於為香港建設一所大學，為社會培養人材。

當時香港沒有大學，只有一所華人西醫學堂。該西醫學堂是在 1887 年創立的，創立亦很偶然。起初，約在 1882 年時，香港中西人士準備籌建一所為華人服務的西式醫院，因為東華醫院雖然創設於 1870 年，但當時院內仍用中醫中藥，港府雖設有國家醫院，卻因為院中醫生多為西人，而且華人習慣上稱之為西人醫院，求診者極少。熱心人士認為開設一所專為華人服務的西式醫院實屬必要，因此籌得款項一萬四千元，1885 年何啟從英國學成回港，毅然擔負全院建築費。

第十四任港督盧吉於任期內倡辦香港大學。

　　何啟為了紀念他的亡妻,將這醫院定名雅麗氏醫院,原址在中環荷李活道與鴨巴甸街之間,後來才遷往般咸道,即現在的那打素醫院。[9]

　　雅麗氏醫院於 1887 年 2 月 16 日開幕,當時是光緒十三年歲次丁亥正月二十四日。該院附設的西醫學堂亦同時開學,第一屆招收學生三十二人。孫中山先生就是當年該學堂的第一屆畢業生,畢業日期是 1892 年 7 月 23 日。

　　到了 1907 年,西醫學堂已辦了二十年。盧吉在聖士提反學校上致詞,説香港應該有一所大學,他的演詞翌日見於西報,西商麼地(Mody)表示支持,於當日到港督府去謁見盧吉,願意捐出十五萬元作為建設大學經費,另捐三萬元作大學基金,支持平日的經費。

　　盧吉倡議成立香港大學,麼地則是第一位以實際行動推動這項工作的人。當時物價雖然比今天便宜許多,但十八萬元是不能夠建成一所大學的,如果沒有社會人士支持,還是無法建成。盧吉知道這一點,是以在翌年,即 1908 年 3 月 18 日,召集全港殷商會議,發表談話。大意説創設一所大學,需財甚鉅,政府除了撥給土地之外別無辦法。他表示稅收只能負擔政費,無法負擔學校的經常支出,估計經常支銷需要一百萬元作為基金才夠應付,另外還要一筆建築設備費用。

　　盧吉以香港總督的身分致詞,首先是掩住政府的錢包,表示

9　編者註:1997 年,那打素醫院由港島般咸道遷往新界大埔全安路。

除撥地之外，其他經費需要大家群策群力去籌措。至於實際上需要多少經費，目前還未知道，需要成立一個籌備委員會，研究全部計劃以及計算各項開支。即席委出籌備委員，計委員八人，主席一人，共九人。主席是遮打勳爵，委員有狀師兼醫生何啟、當任總醫官愛建臣、工務司翟咸、狀師普樂、皇仁中學監督胡禮博士、醫生譚臣，以及另兩名西商端納和保利氏。這個委員會只得何啟一人為華人。

籌委會成立於1908年3月，到了9月25日，完成計劃報告書，呈給港督盧吉審閱。這報告書所得的結論，竟然是不主張設立香港大學，理由是經費龐大，無法籌措。

按照該報告書所提出的經費預算，認為即使所辦大學只設醫科和工科都非目前財力所能辦到，以當時的物價計算，創辦一所大學除建築費不計外，只基金一項亦要一百萬金鎊方能維持，而購置校內所需，亦要一萬金鎊。這些款項，絕對沒有把握籌得到，是以主張停辦。

何啟當時提議，設立香港大學如獲得華人支持，經費是不足憂慮的，只要大學內設有中文科目，則海外華僑，以及國內紳商、香港華人，亦都會全力支持。但盧吉認為可將華人西醫學堂與工業學校合併，即成一所大學。

盧吉認為華人西醫學堂既有正常經費，工業學校亦有正常經費，則正常開支不虞缺乏，今有麼地氏捐出十八萬元，再加其他的捐款，就可解決校舍。開辦之後，慢慢才增設其他學科，就可變成一所具規模的大學了。

盧吉命籌備委員催收捐款，實行先建小規模的校舍。不料麼

地未肯將認捐的款項交出，他的理由是當初籌備委員會曾發表宣言，說籌款須達十一萬金鎊，方才收集捐款，現在所籌得的認捐數目，距離這個目標尚遠。他表示並非不履行諾言，他可以將付款日期延長，直到認捐款項達到十一萬金鎊之數時。盧吉原本打算收到這些捐款，建兩座普通校舍就可開學，想不到最大捐款者麼地，卻不肯付款。

　　盧吉知道如果要創辦香港大學，非得到華人支持不可，靠幾個西商支持，實力有限，因此他改變初衷，要辦一所有文科和理科的大學，不限於醫科和工科。他親自邀請全港中西紳商參加募款委員會，發動華人捐款支持香港大學。當時參加募款委員會的華人，除何啟外，還有劉鑄伯、吳履卿、鄭卓楷等。吳履卿和鄭卓楷都是捐款支持西醫學堂的華商，他們表示繼續支持香港大學。有了華人的支持，募款工作才能順利達到預期的指標，不到半年，已經募得了一百二十七萬九千一百六十四元了。

　　募捐建立香港大學的款項，大部分是由華人捐出的。當時各地華僑，聽說香港將建一所大學，可供華僑子弟入學，紛紛匯款來港支持。麼地氏以為他捐的十八萬元是最大的一筆個人捐款，怎知有一位華人慨然捐出二十萬元，而這位華人又不是香港居民，頓使麼地為之失色。故此麼地後來增加捐款至二十八萬元，務要成為個人捐款最多的人。上述那一位慨然捐款二十萬的華人，就是當時的兩廣總督張人駿。他從廣州匯款來港，支持建校運動。在團體捐款最多的，是太古洋行，捐款四萬金鎊。捐款在 1909 年 12 月 13 日繳交，香港大學就在現時的校址上興建，奠基禮是在 1910 年 3 月 16 日舉行，於 1912 年 3 月 11 日開幕。

　　由於捐款源源而來，直到開幕那天，已收到捐款共達一百四十七萬七千元了。

　　港大最初開辦時，設有醫科、文科、理科、工科四學院，解剖學是開辦後才開設的，當時由華商吳履卿捐款建築及購置院內一切設備。1917 年，又由華商陳啟明捐款五萬元，建築病理學院舍及設備，同時，華商何福、何甘棠各捐五萬元用作發展生理學及熱帶醫藥的用途。何東又在 1915 年捐出五萬元，指定每年所得利息，作為該校駐國家醫院外科實驗的經費。總之，華人捐款予港大的人數極多。

　　由此可見，香港大學雖然由港督盧吉發起，由麼地首先倡議捐款，但如果沒有華人的支持，這所大學是無法成立。大學內很多建築物和設備，都是由華人捐款建成，自開辦之初以迄於今，此種捐贈仍是源源不絕。

香港八景之一──「天橋霧鎖」

　　盧吉卸任後，為了紀念這位第十四任港督，於是便以他的名字命名當時建成的一條環繞扯旗山頂的道路，稱盧吉道。盧吉道有一段道路是非常特別的，該道路因為環繞扯旗山頂，在向西的一面，該處全屬峭壁，無法築路，唯有採用中國的棧道的方法，在峭壁下面鑿石立椿為橋柱，然後在上面架橋為路。這是香港唯一的棧道，不過所用的不是木椿，而是用鋼筋三合土建成。在棧道的路邊，也建以三合土欄杆，並在棧道上設了路燈，風景非常幽美。

盧吉道，約 1966 年。（由陳照明先生提供）

　　盧吉道因為有一段棧道，因此被列為「香港八景」之一，稱為「天橋霧鎖」。從太平山下望上去，看不見整條盧吉道，只能見到棧道的部分。棧道有如一座天橋，而太平山上是經常有霧的，當晨霧將散未散之時，天橋若隱若現，景色至美，故當時的詩人墨客，選此景為香港八景之一，而以「天橋霧鎖」名之。事實上在黃昏時到盧吉道這條棧道上去，可以盡覽九龍景色，又能遠眺青山和昂船洲。

　　盧吉道的棧道建了超過五十年，棧道曾經出現裂痕，欄杆也毀壞了，險狀環生。當局遂將該路封閉，進行重修，故此現時想到那裡去欣賞「天橋霧鎖」的景色則更加美麗了。

　　麼地道在尖沙咀區，這條街道以麼地的名字命名，固然因為他熱心公益，同時是因為他對尖沙咀的發展也有貢獻，當時他投

資開發尖沙咀區最力，麼地道很多地皮，都由他購買，然後建築樓房。早期香港有條不成文的慣例，就是在新發展地區的一條街道上，發展商如將整條街或超過百分之六十的地盤建成樓宇，可以用發展商的名字命名。香港有很多街道都是因此而命名的，麼地道只是其中之一。

　　麼地道是九龍尖沙咀彌敦道上一條橫街，在 1910 年左右，整條彌敦道不如現在的大廈林立，何況是旁邊的街道？麼地肯在該處大量投資，用麼地的名字命名該段街道，也是很合理的。

夏慤道與海軍船塢的變遷

昔日金鐘道是「樽頸地帶」

　　夏慤道位於港島中環之東，灣仔之西，是一條連貫港島中區和灣仔的主要道路，這條街道只有幾十年歷史，可以說是戰後第一條開闢的新路。在第二次世界大戰之前的香港街道圖上，並無這一條路。

　　在建成夏慤道之前，從中環到灣仔，只有兩條路可通，一條是從半山的堅尼地道通往灣仔，一條就是沿現時的電車路通往灣仔。在長達一百多年的日子裡，都是只有兩條路連接中區和灣仔，亦可以說是連接中西區和東區。因此在夏慤道未建成使用之前，中區至灣仔的平地通路被稱為「樽頸地帶」，因為所有從中區到東區，或從東區到中區的車輛，都擠塞在現稱金鐘道的街道上。當時這條路並無今日那樣寬闊，而路亦沒有現時的直，是一條曲線形的街道，街道上有來往的電車，又有來往的汽車，所有的車輛都在該處經過，擠塞在一起，故稱之為「樽頸地帶」。

　　為甚麼當時只得這條路貫通中區和東區呢？又為甚麼當時不立即在海旁開一條大路連接中區和東區呢？因為，自海旁到山邊的一大片土地，不屬於香港政府管轄的地段，港府沒有權力發展這些土地，故無法開路。

　　街道是由土地開闢而成，是以研究街道掌故不能不去了解香港土地的使用權。香港的土地，並非完全由香港政府任意使用，有很多土地是香港政府無權使用的。這話怎說？地方政府無權使

金鐘道，約 1930 年代。（由陳照明先生提供）

用本地區的土地，豈非笑話？其實並非笑話，這種情形各地都有。

香港在 1841 年是由英軍作軍事佔領，然後才成立香港政府統治這個地方的，因此在軍事佔領之初，海軍和陸軍都必須選擇有利於軍事活動的土地作軍事用途。這些由軍隊使用的土地，便不屬於香港政府的土地，而成為英國國防部的土地。香港政府便不能任意使用這些土地，必須和英國國防部協商，用各種補償的方式才能使用。這是香港有很多土地不能任意由香港政府使用的原因。

夏慤道昔日原是一塊屬於英國國防部的土地，這大片土地在香港開埠之初，即由英國海軍所佔用，劃為軍事地帶，閒人免進。不過，當時這片土地，並不是怎樣大片，只是沿海旁一條狹長的海岸地帶而已。後來英國國防部認為英國的海軍艦隻大量來遠東活動，特別是到中國活動，而這些船艦又缺乏修理場所，因此決定在香港設立一個海軍船塢，作為修理遠東艦隊的基地。因此便將這一片海軍用地填海，建立修理艦隻的海軍船塢，海軍船塢於1878 年建成。

香港人對於海軍船塢有一個古怪的稱謂，稱之為「鐸也」，在早期的中文報紙上，常常見到「鐸也」這兩個字。這兩個字就是指海軍船塢。其實它是由英文的 Dockyard 譯音而成，本是指船塢，但當時香港人用「鐸也」二字專指海軍船塢，其他的船塢，如太古船塢，則稱為「太古鐸」，黃埔船塢又稱為「黃埔鐸」，獨海軍船塢則名為「鐸也」。這種稱謂在戰後初期仍然流行，到1959 年才終止。

海軍船塢於 1878 年建成之後，更加阻塞了東區通往中區的交通，成為阻礙發展的攔路石。當海軍於 1876 年進行填海建海軍船

塢之初，當任港督堅尼地（Arthur Edward Kennedy, 1872–1877）曾和海軍當局商量，在新填海區內，劃出一條仿似現時的夏慤道一樣的道路，穿過海軍船塢所修船地區而往東區，但卻被海軍當局拒絕。海軍當局拒絕的理由，是認為海軍船塢是軍事地區，區內有很多軍事秘密，如任由外人穿過這個軍事地區，則英國海軍很多軍事秘密都難以保密。

堅尼地雖然是港督，港督又雖然名義上是三軍司令，有權調動軍隊，但卻無權使用軍隊的土地，因為土地是屬於英國國防部的，港督不能指揮國防部將土地交給他使用。他認為海軍船塢在這個地區設立，勢必影響中區和東區的交通，因此他建議在半山

舊添馬艦總部大樓（即威爾斯親王大廈，現為中國人民解放軍駐香港部隊大廈）底座形同漏斗，在建築藝術上獨樹一格。

開一條馬路通往東區。這條馬路在興建的時候還未命名,及建成之後,堅尼地已經任滿返國。由於這條路是他建議興建的,因此便用他的名字命名,它就是現時的堅尼地道。

林友蘭的《香港史話》第 83 頁,曾提及這條穿過海軍船塢的通道,其文云:

> 堅尼地又和軍方商談,計劃興築一條海堤,連接東區和中區,打通了海軍船塢的瓶頸地帶。但軍方因經濟發生問題,拒絕接受建堤建議,而海塢以南的界線,又引起新的爭執,堅尼地不得不改弦更張,在半山區開築一條連接中區和東區的公路,那就是今日的堅尼地道。

由此可見,建築一條今日的夏慤道的構想,在 1876 年時已經由堅尼地提出,只因軍方反對而未果。《香港史話》說是由於「經濟發生問題」拒絕接受建議,但又說「海塢以南的界線,又引起新的爭執」,顯示出主要的障礙,是海軍認為這是他們的勢力範圍,香港政府不能管,並非甚麼經濟發生問題。

海軍船塢擁有工人近萬

海軍船塢的設立,是和蘇彝士運河通航有關的。蘇彝士運河通航之後,從歐洲運到遠東的貨物,可以縮短運輸時日,這樣商船便大量從歐洲航行至遠東來,英國的船隊亦可以經常駛來遠東。

這些商船和軍艦，都需要在遠東找一補給基地和修理船隻的基地，香港成為這些船艦最理想的遠東基地，因此太古船塢和黃埔船塢都在這個時代發展起來，這兩個船塢為商船服務，海軍船塢則為軍艦服務，這是海軍船塢發展起來的原因。初期海軍船塢所修理的是蒸氣機時代的船艦，到內燃機代替蒸氣機時，海軍船塢也大量更換生產設備。它的最全盛時期是 1940 至 1941 年，當時歐洲大戰，英國遠東艦隊就依靠海軍船塢來補給和修理。當時船塢需用工人近一萬人，是全港僱用工人最多的一個工業單位。

　　海軍船塢昔日所佔的面積，東面止於軍器廠街，西面至美利道止，南面止於金鐘道，北面則伸至海岸線之外。這龐大面積的船塢，造成只得金鐘道一條狹窄的馬路貫通中區和東區，但當時金鐘道並不叫金鐘道，而是叫「皇后大道東」的，因它從東面接連皇后大道中之故。

威靈頓軍營入口，約 1930 年代。右方建築是樂禮大廈，頂部設一金色時鐘，成為現時金鐘地區的命名由來。（由陳照明先生提供）

　　海軍船塢在英軍來說，視為軍事秘密地區，工人進出閘門時，均經軍隊搜查，提防夾帶船塢內的軍事秘密出外。其實這是多餘的，海軍船塢內部很多秘密，都由工人們宣洩於外。

　　很多老船塢工人都能於事後憶述船塢內部情形，甚至修理軍艦的內部設備情形，都能清楚地憶述。這種秘密在香港淪陷時期，英軍才發現，因為有很多日本軍艦進來修理，當時駐於惠州的英軍服務團辦事處，從中國方面收到的情報十分詳細，他們研究這些情報的來源，發現是由海軍船塢的愛國工人所傳遞的。工人在船塢內工作，只要稍為留心，就能將每一項所謂「秘密」記憶起來，回到家中就可憶述。是以香港淪陷時期，盟機來香港轟炸，海軍船塢是中彈最多的地區。有一次作地氈式轟炸，波及船塢東邊地區的駱克道，造成很多居民被炸。日軍發動輿論攻擊盟機濫炸民居，用來掩飾日軍的軍艦在船塢內慘重的損失。

　　海軍船塢的內部組織，共分八個部門，計開：（一）造船部，（二）造機部，（三）電器部，（四）軍需供應部，（五）土木工程部，（六）軍械修理部，（七）船務部，（八）軍醫部。這其中有兩個部門的實際工作是不在海軍船塢的，但總辦事處仍設於海軍船塢內。這兩個部門是軍械修理部和軍醫部。軍醫部的實際醫療工作設於山頂的海軍醫院。軍械修理的實際修理工作在昂船洲，昂船洲有一個軍械修理廠，損毀的大炮和機關槍都在該處修理，但都在船塢上裝配。

　　海軍船塢能製造魚雷艇和各種數十噸級的戰艦，實際是由1934 年開始的。1934 年海軍當局在九龍建一個魚雷艇船塢，用以修理和裝配魚雷艇，同時將昂船洲建成軍械廠，昂船洲的軍械修

理廠於 1938 年才全面投產。九龍的魚雷船塢，就是在九龍廣東道前政府合署海岸上的政府船塢，曾是水警輪和遊艇的船塢。

由於海軍船塢有一個全面的軍事船塢設備，是以當日軍攻佔香港之後，亦以這個船塢為修理南支艦隊的基地。這個船塢的工作，在日佔時期的三年零八個月當中，是完全未停頓的，因此，當香港重光的時候，負責接收香港的海軍少將夏慤（H. J. Harcourt），亦首先接收這個船塢。

夏慤海軍少將是在 1945 年 8 月 30 日抵港的，但在他未抵港之前，香港政府實際上已由英國人接管，因為 1941 年任香港輔政司的詹遜（F. C. Gimson）從赤柱集中營出來。他被釋放，是倫敦透過里斯本的英國大使和日本大使接觸，促請他電告香港日本佔領軍，將政權移交給詹遜的。詹遜於日本投降後第二天就從赤柱出來，他召集在各集中營的舊部，以及電召在澳門居住的公務員和英國人，來港組成臨時政府。因此夏慤乘戰艦來港之時，香港的英政府的政治架構已完備，夏慤只是派出英軍，分別接收日軍各軍事機構和戰時被日本人強佔的公私建築物，香港政府這個時候，由夏慤擔任最高首長之職。

因此這個時期，稱為軍政府時期，夏慤率領的英軍，接管了主要的日政府機構後，於 1945 年 9 月 16 日，在港督府內舉行一個受降儀式。這個儀式由夏慤主持，中國代表潘華國、美國代表威廉臣均有參加，當時日軍駐港陸軍司令岡田梅吉、日本南支艦隊司令藤田太郎，正式向盟國投降，作為將香港主權，正式移交給夏慤。所以在法制上，香港重光是 1945 年 9 月 16 日，但是在實際上，則是在日軍投降後第二天，在軍事佔領而言則是在 8 月 30 日。但是

在回歸前，港英政府公佈的公眾假期表，香港重光紀念日的日期
是年年不同的，究竟是甚麼原故呢？原因就是這個紀念日有三個
之多，不知用哪一天為佳，不如定為八月份最後一個星期一，作
為香港重光紀念日。於是，這個重光紀念日，就年年不同，1984
年是 8 月 27 日，而 1985 年則為 8 月 26 日。

關於夏愨海軍少將在管治香港時期，有很多事跡均足敘述，
現在先述及和夏愨道有關的海軍船塢。由於夏愨是英國派駐遠東
的海軍司令，因此他特別重視海軍船塢功能的恢復。這個船塢在
日軍佔領期間，仍繼續工作，除了小部分在戰時遭盟軍飛機轟炸
損毀外，大部分仍算完好，是以馬上可以進行修理船隻工作。昂
船洲的軍械修理廠，可說完全未遭破壞，故可立即修理槍炮。戰
時英國派在太平洋上的艦隊，以及在歐洲運兵來的船隻，均需立
即修理，是以他在恢復海軍船塢工作方面，十分重視，派了很多
專家，接管船塢，並展開工作。

現代技術在此萌芽

1945 年 10 月，海軍船塢大量招請工人，成為戰後初期容納工人
最多的一個工業單位，到了 1946 年初，已有五千工人在船塢工作。
由此可見，當時英國戰艦進入這個船塢修理的數目是多麼的多。

夏愨對海軍船塢的設備十分關注，海軍船塢的設備，在香港
重光那時計算，是很舊的設備了。古老的海軍艦隻，在太平洋戰
爭和大西洋戰爭時，不堪德國和日本的海軍一擊，是以大戰後期，

英美的戰艦已是新式的戰艦。這些戰艦來港修理，使用海軍船塢的戰前設備，進度是有限的，因此夏愨首先將一批新設備運來香港，更換海軍船塢的舊設備。這些新設備大部分是由戰時的「活動船塢」上搬過來的，戰時盟軍艦隊為了迅速修理被損毀的戰艦，有「活動船塢」之設，以便隨時修理損壞的戰艦。把這些設備運進海軍船塢去，海軍船塢就可以大量修理現代化的艦隻，造成需要更多的工人入塢工作。

香港早期使用的開山機、混凝土攪拌機，以及通行於建設工程所用的機械，都是 1945 年夏愨主持軍政府時期首次運來香港使用的。當時這些機械，全屬英軍所用的機械，這些機械首次出現於海軍船塢，是用來將戰時毀壞的建築物推倒、搬運，然後重新建設。機械全由英軍工程兵所操縱，但船塢中的工人，和這些英軍工程兵打交道，很快就學會使用這些新機械。船塢中的其他新設備，也很快為香港工人所掌握，戰後很多新技術，都在這船塢內萌芽。

夏愨在香港的時間並不很長，但他是代表當時英國軍方執行政策，英國軍方在戰後初期，有一個不自量力的願望，就是要在遠東重整以前的軍事力量，希望回復過去光輝的日子。因此他要把海軍船塢建成現代化的海軍基地，同時，也在香港建成空軍的基地。他看中元朗平原一大片土地，認為在該處建一空軍基地最為適合，這塊土地平坦，建成一個巨型的軍事機場成本不高，因此他擇定了屏山一帶為興建軍事機場的地點。

當時英國的工程兵立即在屏山東面的地區進行平土工程，大量的新型工程機械亦運到該處，英軍亦在該處招募香港工人參加工作，這個機場稱為「屏山機場」。

　　夏愨是一名軍人，他沒有研究過在新界使用土地，和在港島使用土地的不同。新界的土地，大部分為私人土地，而其中更多的土地，是鄉村宗祠的蒸嘗土地，是屬於全鄉村共有的土地。這些土地的歷史，亦足一述。

　　當 1898 年英國租借新界的時候，新界各處鄉村反對英軍的入侵，他們的反對，是為了保護世代經營的田、園、廬、墓。英國雖然和清朝政府簽了租約，但鄉人必須要明瞭，這些世代居住和使用的土地使用權，究竟如何處理？在未明白之前，自然先行抵抗英軍的接收。英軍當時雖然可以憑軍事優勢打敗了各鄉的進攻，但英軍並非要租用一大片無人地帶，英政府必須設法安定民心，故此要和新界鄉紳集會，宣佈英國對新界的土地政策。

　　1898 年時，負責向新界各鄉代表宣佈租借新界後的土地政策的人，是當時的輔政司駱克。他說原居民的私有土地仍保持其使用權力，但根據英國制度，土地應屬國家的，人民無永久使用權，是以各鄉人的土地，可以照英國法律登記而更換英政府的地契，使土地可使用到 1997 年。不過，英政府只承認有契據的土地為原居民的土地，不能憑口頭說這塊土地是我的，就可換取英政府的地契。所謂「有契據的土地」，即有當時新安縣政府的正式地契才能更換新地契。當時各鄉的地主和鄉村共有的土地，便向南頭的新安縣政府辦妥地契，然後轉換香港政府的地契。是以新界大多數耕地，均有地契，其中屬太公祠堂的嘗產土地更多。

　　夏愨認為這時是軍政府時期，軍政府有權徵用民間土地，因此不管這些土地的使用歷史，強行在該處興建軍事基地，於是引起屏山各鄉的鄉人反對。鄉人向軍政府請願，要求停止在屏山進

行建築空軍基地工程，但不獲夏愨的軍政府接納，於是鄉人採取消極的抵抗辦法。這個辦法十分特別，是當英軍的開山機和工程機械經過屏山公路時，鄉人全部臥地，阻止工程車的前進，這等於中國古代所行的「死諫」的方法，即用誓死阻止不合理政策的施行。

但是，鄉人不能天天都臥在路上阻止工程車從公路駛進工地的，當天英軍工程兵不駛進工地，但到了深夜，鄉人回家的時候，工程兵又將工程車輛開進工地上去。不過，當時英國工程兵在屏山築空軍基地時，未敢將已耕地進行平整，開始的工程，大部分集中在荒地上進行，第一項工程是推平其中一個小山崗，除了在爆石的時候引起不便外，其實尚未影響當地的鄉村生活。

屏山空軍基地的工程進行了只幾個月，到夏愨的軍政府將權力移交給楊慕琦（Mark Aitchison Young, 1946–1947）時，便宣佈停止這個工程，並取消了這個龐大的計劃，用擴展石崗空軍基地和啟德機場來安置日益加強的空軍，因此屏山又回復平靜了。

現在談談夏愨在香港重光時一些突出的措施，而這些措施又影響日後香港社會。其中一項措施是在金融上的措施。

當 1945 年 8 月 15 日日本宣佈無條件投降後，被關在日軍集中營內的詹遜被釋放出來，因為他是楊慕琦任港督時的輔政司，按照英港的習慣，總督不在香港時，輔政司行使港督的職權。因此詹遜當時釋出，是負責組織一個「過渡政府」，這個「過渡政府」是為了準備英軍重臨香港而設。當時詹遜研究香港金融問題，他發覺市面上通行的貨幣是日本佔領軍所發行的軍票，他擔心英國恢復行使治權時，市面流通的港幣不足，因此準備將一批存放印

刷廠的舊中國的鈔票，印上香港政府發行的港幣字樣，作為臨時流通的港幣。但他的顧慮事後證明是多餘的，當夏慤乘軍艦在海軍船塢登陸時，市面的港幣已迅速出現，日本軍票不需政府宣佈其比價，市面已自由將其比價定出來，軍票在短短的十多日內大貶值。

夏慤發行單面輔幣

軍票由初時的一百元兌港幣一元，發展到一千元兌四元，實際上市面已自行排斥軍票，到了夏慤成立軍政府時，市面上已無軍票流通。

詹遜此時才知道本港居民實在私下貯存很多港幣，他擔心不夠港幣流通，實在是多餘。因此他印備的那些「暫作港幣」的鈔票，始終不曾發行。但是，港幣流通量雖然充足，輔幣則十分短缺。原來，戰前所發行的五分、一毫、五毫輔幣，已被日軍搜集起來，作為軍用，把所有的硬幣，熔成原料改製各種軍用品，是以輔幣奇缺。夏慤下令印製單面輔幣，這些單面輔幣是只印一個顏色而且只印一面的，背面是空白的，分一仙、五仙、一角、二角等多種。

詹遜因久居集中營，不知道日軍佔領香港時期，是利用港幣到澳門去購買物資，是以日軍用軍票換取港幣，並非將港幣銷毀，港幣是在香港之外流通。由於港幣被日軍以刺刀強行換成軍票，港幣的幣值下跌，日軍掠奪到的港幣，購買力亦下跌。到所有在

香港流通的港幣已經用盡時，日軍又發現滙豐銀行的庫存中，有一批大面值的港幣，這些港幣尚未簽字發行的，於是又將囚在集中營的銀行大班拉出來，要他簽發這大批港幣，日軍又拿這批港幣去購買物資。這一批港幣，由於並非由香港政府循正當手續授權發行的，是以它的法定貨幣成疑，而在澳門行使時，幣值又下跌。

在戰爭期間，澳門市面流通的港幣分兩種：一種是 1941 年 12 月 25 日之前發行的港幣，這種港幣約值澳門的貨幣六成至五成；另一種是日軍強迫滙豐銀行大班簽發的港幣，因為是完全沒有外匯基金保證的貨幣，所以幣值又低跌，跌至兌澳門貨幣的二成至三成。香港重光之後，這些港幣大量從澳門及國內回流到香港，這些港幣隨回港人口而帶來，加上戰時香港很多人貯存港幣，是以港幣能迅即流通，驅逐軍票出市場外。當時夏慤的政府，並無宣佈如何用軍票兌回港幣的辦法，軍票就變成毫無法定比值的廢幣，這就造成民間財產的自動損失。

戰後一直以來，有一批軍票持有人，要求日本政府賠償他們的損失，而要求將他們手上的軍票由日本政府兌回。由於香港重光時，香港政府並無公佈兌掉軍票的辦法，軍票是自動變成廢票，是以很難定出一個兌回標準，而且亦無法律根據，因此多年來，一直沒有結果。這種情形，與中國的情形一樣，中國在若干淪陷區內行使日軍的軍票和偽儲備銀行的儲備券，在抗戰勝利時，這些軍票和儲備券亦自動變成廢票，是以也很難要求日本賠償。

由於港幣迅即流通，軍票在市場上自動被排斥，夏慤誠恐大量港幣湧來香港搶購物資，因此頒佈禁止物資出口命令，提防各地貯存港幣的人，將港幣帶來香港購物運出，同時，又公佈各種

日用品的公價價目，禁止零售商囤存貨物及提高物價。

　　但是，當時香港市面流通的港幣當中，有一種是由日軍強迫滙豐銀行大班簽發的港幣，這種港幣是沒有外匯基金的港幣，市民稱之為「迫簽港幣」。這種「迫簽港幣」在市面流通時，幣值低於合法港幣的四成，即只值一般港幣的六成。這些「迫簽港幣」在香港重光之後，必須加以合法處理，否則香港的金融就紊亂，兩種不同幣值的港幣在市面流通，形成了一個「炒迫簽港幣」的金融投機市場，這是對香港十分不利的。雖然夏慤對金融事務一竅不通，但他認為這種投機是不能容許活動下去的，制止此種投機活動，只有兩種辦法：第一是宣佈「迫簽港幣」為不承認的貨幣，禁止流通；第二個辦法就是宣佈它為合法貨幣，與其他港幣同一幣值。他在兩者之間考慮，終於決定宣佈「迫簽港幣」為合法貨幣。

　　他只知道維持一項原則，就是這些都是港幣，雖然是日軍在佔領香港時強迫滙豐銀行大班簽發的，但所有簽字和印刷都和合法港幣相同，而且這種「迫簽港幣」在戰時不在香港流通，而在中立地區及自由區流通，不應視為敵性貨幣，即不能禁止使用。既不能禁止使用，就應該宣佈它為合法的貨幣了。

　　4 月 1 日是宣佈「迫簽港幣」合法流通的日子，宣佈之後，投機活動馬上停止了。很多人因此發了大財，因為以低價買了這種港幣的人，他的財產馬上增值，是以在當時來説，這是一項好消息。

非法貨幣合法流通

夏慤的政府是軍事政府，他是用軍人的眼光去決定政策，未考慮到這些「迫簽銀紙」是沒有發行儲備的，沒有發行儲備而發行貨幣，是違背香港的法例的。但軍政府時期，一般法例並不能限制軍事政府的權力，是以沒有人提出異議，也不敢提出異議。

因此，將毫無外匯儲備的「迫簽港幣」宣佈為合法，解決法例上的矛盾，等到楊慕琦接管香港政府之時，就要提出討論。軍政府將政權移交民政府之後，軍事法令高於一切已不存在，民政府的一切措施，都要根據法律行事。這一大批「迫簽港幣」的外匯儲備問題不能不了了之，否則港幣就不符合每發行一元必須有一元的外匯儲備的規定。

「迫簽港幣」的數量共一億零三百萬元。香港發行貨幣是由發行貨幣銀行發行的，這些「迫簽港幣」是日軍強迫滙豐銀行大班發行的，而法律規定，發行鈔票銀行於發行一元鈔票，必須向政府提交值一元的外匯，撥入外匯基金中儲存。這些「迫簽港幣」既未經香港政府同意發行，又未有外匯基金，因此要使之合法化，軍政府還政於民政府時，就要立法解決。

所以楊慕琦從夏慤手中接收政權時，他第一步就要在立法上使這一億零三百萬元「迫簽港幣」完成立法程序。這是香港法治精神所繫，身為港督的楊慕琦絲毫不能苟且。

楊慕琦於 1946 年 5 月 1 日接收軍政府移交的政權，隨後即主持第一次立法局會議，在立法局為此事而提出新的法案。這法案名為《銀行鈔票及債券條例》，這一條例共三條，主要目的分三

部分：第一部分是說明自 1941 年 12 月 25 日至 1945 年 8 月 16 日，
滙豐銀行被日軍強迫發行的鈔票，為合法的香港通行鈔票；第二
部分是豁免滙豐銀行不依發行這些鈔票的法律手續；第三部分，
則為解決這一億零三百萬鈔票的外匯基金問題。

　　我們研究香港街道的歷史，如果只談街道的沿革是沒有意義
的，必須連結香港的發展史來研究，才算完整和更有新意。夏慤
道用夏慤的名字命名，夏慤宣佈將日佔時期不依香港發行鈔票的
法律手續發行的港幣為合法貨幣，如果不研究這些「迫簽港幣」
以後的合法地位，豈非香港現時的流通貨幣，有一億零三百萬元
是「非法貨幣」麼？是以筆者不肯放過這一筆賬，而找出這一億
零三百萬元的法律依據。

　　《銀行鈔票及債券條例》的第三條，其中第三條「乙」，有
下面的條文：

> 　　……應全行香港上海滙豐銀行辦理下列二事——
> （一）在發行一億零三百萬元債券時，應付一百萬英鎊
> 交入外匯基金項下。（二）在數目確定後，應由香港上
> 海滙豐銀行依第二條所指鈔票面額所值，以英鎊一先令
> 三便士折合香港銀元付交上述基金項下，以為解除該香
> 港上海滙豐銀行最初發行鈔票應負法律責任之所需。

　　看了這條法例，就知道香港政府是一個極重視法治的政府，
對於這些屬於戰時日軍迫簽的港幣，也要使之依法成為合法貨幣。
　　香港重光之時，百廢待興，銀行業務也是在一塊爛攤子上重

建起來，維持業務經常費用已不容易，更不敢奢望能夠賺錢。要滙豐銀行立即將發行戰時被日軍迫簽港幣的儲備交入外匯基金，變成合法手續，那是不可能的事，因此要由發行債券來籌足這筆基金。當時香港的港幣，是和英鎊掛鈎的。港幣和英鎊的固定匯率，是一港元值英鎊一先令三便士，是以該法例規定滙豐銀行在發行債券之後，確定「迫簽港幣」的真確數目時，立即以同等價值的英鎊，存入外匯基金之內，令到這一批「迫簽港幣」，由無儲備而變為有充足儲備的合法貨幣。

香港發行貨幣，是和其他地區或國家不同，這是因為香港不設中央銀行，故發行貨幣是委託商辦銀行辦理。滙豐銀行是主要受委託發行鈔票銀行，是以若銀行自行發行貨幣，就要以同等數值的外匯，存入外匯基金。若由香港政府下令發行鈔票，則香港政府由財政司以「負債證書」交給發行鈔票銀行，由該銀行以「負債證書」上所列的銀碼發行鈔票交給財政司。這些「負債證書」是用香港稅收作為擔保，所以在稅收方面港幣回籠時，財政司將回籠港幣贖回「負債證書」。這是香港發行鈔票的兩種方式。「迫簽港幣」是屬於第一種形式發行，因此由發行鈔票銀行負責以十足儲備存入外匯基金，但政府亦有責任，因此代為發行債券，這就是 1946 年立法局通過《銀行鈔票及債券條例》的原因，亦是使「迫簽港幣」合法化的法律程序。

全力穩定香港物價

夏慤軍政府時期另一項工作，亦值得一述。就是他這個軍人主持的政府，用甚麼方法穩定香港的物價。

上文說過，夏慤恐怕在澳門和國內流通的港幣回流來香港購買物資，影響物價暴漲，宣佈禁止物資出口，並宣佈各種物價的公價制度。

其實只宣佈禁止物資出口和宣佈物價由政府統一價格仍是不夠的，夏慤在這方面，還宣佈了兩項命令：一項是規定任何人將物資在香港境內搬遷，必須申報搬運許可證，如無搬運許可證，不得在港內搬運；另一項是禁止囤積居奇。這兩項命令是彌補禁止出口命令之不足的。

當時夏慤的海軍運輸艦，將糧食和日用品源源運來香港以公價配售給零售商，規定他們應得的利潤，列出一切日用品的公價價目表。但是如果沒有這幾項命令，就算傾所有的運輸艦將物資運來，也是無法維持物價穩定的，商人可以用各種方法來逃避官方規定的利潤。但頒行搬運許可證命令和禁止囤積命令，可以完全制止商人的投機取巧。

運輸許可證的辦法最為有效，它可以防止所有物資轉移，兼可以阻止戰時囤積居奇的商人將大量物資暗中以高價出售。須知貨物買賣的時候，買家必須將物資轉移到自己易於控制的貯藏室內，這樣物資一經轉移，便要在街上運輸，街上的軍警對搬運的物品，隨時加以檢查，如無許可證，就將物資和運輸人扣留。這樣一來，即使有人肯以高價買入物資，亦因無法運輸而難獲厚利，這樣，

便可杜絕抬高物價。

當時申請運輸許可證的地點，是在當時位於北角電氣道的「政府物料管理處」內，申請人要到該處去申報物資來源及數量，以及運輸理由，認為合理，然後簽發許可證。

這命令除了穩定物價之外，並有提防敵產物資的非法轉移。在戰爭末期，有不少日本人將物資寄存於華人的私人樓宇內，這些物資在香港重光後，很難查出是屬於敵產物資的，若果將這些物資轉移，在申請時就不難查出。由於運輸物資要許可證，於是搬屋也要申請，否則在街上搬運傢俬及衣箱等物，如無許可證便屬犯法。當時市民遷居十分麻煩，申請搬運傢俬雜物許可證時，除填報申請表外，並要接受問話，這是提防以搬遷為名，將大量物資轉移。這是違背遷徙自由原則的，但當時是軍政府時期，故沒有人提出反對。

其實遷居要申請搬運許可證，在日佔時期已實施多年，港人已經習慣了這種不自由的遷居辦法，對夏愨的命令，只視為是日軍統治時的延續。有些人覺得夏愨時期的申請遷居，較日佔時期為方便，原因是日佔時期申請遷居更為麻煩，日軍要考慮遷居人的政治問題，研究遷居人是否一位反日分子或盟軍特務，故要由原居地的保甲長用書面證明他是良民，才准遷居。夏愨時期只是研究搬運是否受管制的物資，是以一般市民遷居申請搬運許可證是不困難的，所以認為比日佔時期為易。

夏愨宣佈的物價管制辦法，對當時的工潮有遏止作用，不能略而不談。日軍投降後，香港一般低薪工資，仍維持戰前的水平，即維持 1941 年 12 月時的水平，如果不維持物價，工潮一定此起彼

伏，是以夏慤當時首先訂定食米公價為每斤二毫，同時規定各種物品的公價價目。

究竟公價價目用甚麼辦法維持呢？這是值得研究的一個重要問題，須知經濟問題不能用行政命令去解決，否則物價會產生黑市價。研究香港經濟史的人，應注意夏慤統治時期的方法，他的方法是分幾個步驟的。

第一個步驟是儘量自英聯邦地區將糧食物資運來香港，其中以澳洲運來最多，這是屬於官方經營的物資，以糧食及主要日用品為主。政府辦運這些物品，規定照成本價以百分之十五的利潤出售，定為公價的標準，零售商亦不能以超過百分之十五的利潤出售。

第二個步驟為管制外匯，商人若想辦外國貨來港，便要申請外匯，但政府要審查申請人所購的貨物是否香港必需，如屬必需，而輸入之地區又屬英聯邦地區，才會批准。例如買美國貨則多數不批准，以免耗去美匯。

但是商人可以買點美匯辦美國貨來港，當時很多商人用黑市美匯輸入美國貨，夏慤政府監視這些美國貨的價格，如果是生活必需品，商人欲牟取暴利，又用另一套手法應付。

這套手法名為「收購」。夏慤頒佈命令，軍政府有權收購任何物資，收購辦法是照成本價加利潤百分之十五為收購價，收購之後，政府以這個價格批發給零售商，定一公價發售。

黑市外匯也有存在意義

收購命令既保證商人有一定的利潤，又不違背香港為一自由貿易港，同時可以利用收購來穩定物價，使物價在官定的價格內，不會暴升。

這兩個步驟，再加上管制物資的轉口，提防其他地區出高價將香港物資扯去，這樣等於保持香港有充足的物品供應市場。市場有大量的物品供應，便不會產生公價之外的黑市價。

這眾多的步驟之外，還有一點是最重要的，就是保持幣值的穩定。假若當時採用通貨膨脹政策，也是無法維持物價穩定的。使幣值保持不貶值，除了控制貨幣供應之外，管制外匯也是其中辦法之一。夏慤並不取締黑市外匯，任由民間以官定匯率之外的匯價買賣外匯，港幣只釘住英鎊。當時港幣是和英鎊掛鉤的。

黑市外匯的存在，有三重意義：第一是官方保持外匯儲備，不作無建設性的消耗；第二是讓民間自備外匯去進行對外貿易；第三，當官方的外匯儲備充足時，可將外匯流入黑市外匯市場，吸收高價的現金，使港幣更為穩定。

這許多種方法，造成夏慤軍政府時期，能長期維持物價穩定。商人辦美國貨來港，用的是黑市美匯價，他們會自動計算購買美國日用品來港，即使被政府以公價外匯價收購，加百分之十五的利潤，仍然有利可圖，於是物資就源源運來。筆者存有一份當時的公價物價總表，現在取出來細看，才發現當時的物資頗為豐富，其中單香煙一項，牌子之多，就已出乎想像之外。細數香煙牌子的數目，凡一百零三種之多，可以見到當時商人辦運香煙來港之多。

　　按照夏慤軍政府所公佈的「公價物價表」，有關「香煙」的一項，其中的外國煙售價如下：二十支裝的駱駝、吉士、好彩，每包九毫；十支裝的高夫力每包四毫；二十支裝的三個五每包一元二毫五仙；十支裝的三炮台每包五毫五仙。至於香港製造的香煙則規定售價如下：玉葉牌十支裝每包二毫，二十支裝每包四毫；老刀牌十支裝每包三毫；多寶牌十支裝每包三毫；電筒牌十支裝每包三毫。當時，從英美、歐洲、中東各國運來的香煙，牌子極多，其中很多至今香港市面上已不復見。譬如：民航松牌每包九毫，金處女每包九毫，咸美頓小姐每包九毫，麥當奴金牌、立普頓、舊金山、議會牌、羅力牌、力箭牌、林美士牌、他丹牌、雲車士打牌等，都是二十支裝每包售九毫的，而這些牌子當時都屬於英美高級香煙。

　　還有五十支罐裝的香煙，如加力公價三元五毫，勞文士每罐二元八角，三個五罐裝三元二角五分，三炮台二元八角，皇家弧每罐二元二角五分，有濾嘴的獅子牌二元，勞文士二元八角，貴族、海軍、三個五、掃棒、白天鵝、日光熱，都是每罐二元的。

　　單看香煙的情況，就知道夏慤軍政府能夠維持一個公價制度，除了各種措施外，設法令物資豐富，看來是維持物價最有效的方法。

　　香煙並非每個人必需的日用品，尚且有這樣多品種的香煙供應，各種香煙定了公價之後，消費者就不愁買不到香煙，香煙亦難出現黑市。

　　至於當時副食品的公價，有一點應詳細說明的，就是對於蔬菜的供應制度，對以後幾十年，直至今天仍是有影響力，這種制

度就是「蔬菜統營」制度。

　　蔬菜是新鮮食物，不能從外洋輸入，只能從鄰近香港各地區輸入，以及靠香港本土種植。要控制蔬菜不至缺乏，夏愨所用的方法是用行政方法，即發出命令，對蔬菜進行管制。

　　這命令是根據 1940 年的《防衛規則》第五十條，這一條是賦予政府有發出命令管制各項物資的權力，因而用命令方式，宣佈對蔬菜進行管制，其管制方法，大略有如下幾點：

　　第一、所有蔬菜必須由政府的運輸車隊運到蔬菜批發市場去出售。政府組織龐大的運輸車隊，替菜農解決運輸困難，亦減輕菜農的運輸成本，新界菜農只須每天凌晨將菜放在公路邊，政府運輸車隊即會將蔬菜運進批發市場去出售。

　　第二、凡從水路運菜來港，在政府碼頭泊岸，蔬菜亦由政府運輸車將蔬菜運入市場。

　　第三、由陸路用火車運來的蔬菜，規定在油麻地站卸貨，亦由政府運輸車運入市場。

　　第四、無論何人除取得許可證外，不得在新界或九龍區批發蔬菜，但在政府蔬菜批發市場內不在此限。

　　第五、所有蔬菜除運至九龍區外，不得運到新界去。

　　第六、菜販在批發市場內進行買賣，須遵守蔬菜批發市場規則，此種規則在市場門前當眼處張貼，共同遵守。

蔬菜統營使菜農得益

　　這種統制蔬菜營運措施，是避免菜欄操縱蔬菜的零售價格，是當時協助夏愨處理民政的詹遜，通過很多華人領袖研究出來的措施，是經過調查研究之後，才命令執行的。

　　香港戰前的蔬菜供應，一向操縱在菜欄之手。菜欄是由商人經營的，欄商是一種中介商，他們是將菜蔬從產區運到自己的欄口，然後批發給零售菜販。零售菜販只在市區街市附近出售蔬菜，他們本錢短少，沒有能力到產菜區去直接買菜回來出售，而且直接到產區去購買，成本極高，單單在運輸方面，運費就昂貴，還要聯絡遼遠和廣大的產區菜農，交易費用極大。菜欄因為有組織營運，長期聯絡產區菜農，是以能負起自產區將蔬菜運到欄口批發的工作。

　　這種由菜欄批發菜蔬的營運制度，自清代起實行至第二次世界大戰之前。欄商因為目的在於賺錢，在產區收購蔬菜時自然希望以最低的價錢購買，運到香港後，自然又希望以最高的價錢批發出去。這樣才能多賺一些。但是，香港並非只有一兩家欄商，各欄商均有自己的營運對象，有時大家都在同一天內不約而同運來同一種蔬菜，則又常會降價推銷，而某一欄商看見某種蔬菜各欄運來不多，又可抬高批發價，總之欄商之間亦有競爭。但是，這種制度，是對菜農絕對不利的，因為菜農無法知道批發市場的情況，知道了也無法將菜運到市場去，即使運到市場去，批發市場已由欄商控制，若要批發自運的蔬菜，也要入欄才能批發，是以這種古老的營運制度，對菜農不利。

　　夏慤時代的「蔬菜統營」措施，是針對不利於菜農的舊制度，即蔬菜市場由欄商控制，收回由政府控制。政府設立菜市批發市場，派出運輸車隊，到新界產菜地區，收集菜農出市的蔬菜，運進批發市場，由零售菜販直接入市場購買蔬菜販賣。

　　菜農將收割的菜交由蔬菜統營處的貨車隊運出批發市場，公開由菜販選購，購買價若干，照單交給菜農，蔬菜統營處只收百分之十的佣金，餘數全部由菜農實收。蔬菜統營處所收的佣金，除開支之外，餘款則撥作發展農業的基金，直接用於為菜農服務的各項經費。

　　這種蔬菜統營制度實行之初，曾引起菜農反抗，亦引起菜欄反對。菜欄反對是有理由的，因為這種制度對菜欄經營者不利，但菜農的反抗是沒有理由的，這制度對他們有利，為甚麼他們也要反抗呢？

　　原來「蔬菜統營」是日佔時代，由日軍設計出來的一種制度，用以維持平價的蔬菜價格。日佔時期香港的蔬菜也是「統營」的，日軍用刺刀強迫菜農以官定的價格交到統營批發市場出售，這種「統營」違反自由市場原則。香港重光之後，菜農受日軍「統營」之苦剛剛解除，忽然聽到又要再「統營」，意識中彷彿日軍的專制統治又再翻版了，是以引起反抗，加上菜欄與菜農一向有聯絡，菜欄為了自己的利益而反對統營制度，要求不可實施。有些菜農受菜欄的唆擺，於是不將蔬菜交統營處的運輸車運入市場，他們寧願將成熟的菜，留在菜田上，不出市。

　　實施蔬菜統營最初幾天，蔬菜供應減少，菜價便昂貴起來，欄商初時以為這樣，可以造成壓力，引起市民錯覺，認為這種統

營制度不好，也加入反對行列去，誰知市場是一隻無形的手，不到三天，菜農就自願將菜交統營處營運了。

　　原來，從水路運來的各江蔬菜，抵埗後即由統營處的貨車將菜運進批發市場批發，當天因新界菜農無蔬菜入市，菜販出高價購買，統營處將菜販買菜的現金，扣去百分之十的佣金，原數交回菜農。當時新界很多菜農到市場去觀察，看見菜價如此之好，而且統營處所抽的佣金，亦等於以前菜欄所抽的佣金，但是，菜欄常常壓低菜價，統營處則是照賣照交，是以三幾天之後，菜農已完全接受統營辦法了。

　　筆者於 1946 年曾住於新界一菜農家中，故熟悉當時蔬菜統營的情形，當時蔬菜統營處利用各鄉公所作為聯絡站，菜農所種的菜，認為可以上市，便先一日前須登記，說有甚麼菜上市，及約有若干擔。於是鄉公所就通知統營處，統營處便派菜籮給菜農，菜農於晚上割菜，將菜秤過，放在菜籮內，然後將菜的重量及菜的品種，寫一條紙，加在菜籮上面。統營處的貨車，通常是晚上一時左右來到，當時菜農是站在路邊等貨車來到的，貨車內有經營處職員，將菜登記在冊上，冊上是寫上某人，是日有某種菜若干擔若干斤，交回收據給菜農，菜農即可回家休息，次日下午，就到蔬菜統營處去收錢，他的菜賣多少錢一擔，除佣後所得若干，已原包封好，菜農簽收，不賒不欠。由於初辦時並無信心，故菜農都是站在路邊等貨車的。

　　每一種制度，初創時都是不十分完善，亦容易引起糾紛的，但逐漸改善，便完美和完整。

　　現在的蔬菜統營，是一種極完整的制度，原因是每一個產菜

區，都由菜農組織了合作社。合作社為缺乏資金的菜農，提供資金，或代為申請貸款，菜農有菜出市，預先一天向合作社登記，合作社將菜籮就近交給菜農。現時所用的菜籮，是長方型的塑膠製成的，這種塑膠菜籮，一個疊一個時，不會壓及裡面的菜，因為菜籮之底部和籮口，可以互相接合，不似竹籮不能疊起，若疊起則壓傷下面的菜。

現時，各區合作社均有坐地的大磅秤。在派菜籮之後，附近菜農將菜割好，運到收集站上，立即可以上磅秤。秤過菜的重量，由合作社職員寫回收據，菜農就可以返家休息。次日下午，合作社已收到各人賣出的菜的單據和現金，各菜農到合作社去收款，極為方便，省時，省力，效率大。

由於載菜的是長方形的塑料籮，菜農在割菜的時候，一定將菜割得齊整，這樣才能載得多；又由於塑料籮互不怕壓，菜的莖葉不會在運輸途中受傷；而且這種塑料菜籮通風，是以菜販買回去，不必花時間整理，就可以出售。各江運來的菜，因為仍用竹籮盛載，在運輸途中難免互相擠壓，故菜販買回去，要花時間整理才能出售，這樣就形成同是一種菜，價格便不劃一。這是七八十年代的情形。回憶 1946 年初設統營制度時那種簡陋情形，可以說有天淵之別，但亦可知創業維艱。

以上是夏慤在任時對香港今日社會有影響力的事例。至於夏慤道的興建，是在英國宣佈結束海軍船塢之後，解散海軍船塢工人，由香港政府收回這大片土地，才開始築路的。

海軍船塢於夏慤還政於楊慕琦後幾個月，就開始裁減工人，當時海軍船塢是全港僱用工人最多的企業，長工經常維持四千人，

散工則每日約四五千人。海軍船塢於 1946 年底，基本上已將日薪散工裁去三分之二，當時對整個香港社會影響極大。由於有這一批工人失業，導致 1947 年各公共事業工人要求加薪工潮，資方態度強硬，而各業工友亦不能堅持所提出的加薪要求，終於在加薪幅度不理想下達成協議。其中麻纜廠工人罷工是資方最強硬的一次，麻纜廠宣佈關廠，不和工人談判。

初期，船塢工人以為英國將運來新式的機器，故而減少僱用散工，其後逐年減少工人，又不見有甚麼新式的造船機器運來，及到開除長工時，工人們才知道英國的政策是放棄在遠東維持一支強大的海軍力量。既然不準備在遠東維持強大海軍，則海軍船塢便失去存在價值，便決定放棄這個海軍基地了。

放棄海軍船塢，並不等於立即將土地交回香港政府，上文說過，香港的土地屬英軍佔用的，都屬於英國國防部的土地，這些土地要香港政府和英國國防部協商，才能收回。通常，在收回土地之前，香港政府必須滿足駐港英軍的要求，才能將土地收回。海軍船塢亦不例外，是以香港政府先行斥資建設設備給海軍使用。

宣佈中區填海計劃

這項交換計劃，就是在海軍船塢的海邊，建回一個海軍基地，然後才將海軍船塢地段交回給香港政府。這個海軍基地包括一座大廈，比原日在海軍船塢所有建築物面積為大，用作供駐港海軍及來訪海軍居停之用，亦用作辦公之用，這樣龐大的建設，亦要

很多土地才能建成。

哪裡來這麼多的具有「海權」的土地呢？若將海軍船塢的海岸保留，則收回海軍船塢，只屬於收回一部分，效益並不大。既要全部土地收回才見效益，那末就要增加有「海權」的土地，才能實現交換。於是，香港政府宣佈中區填海計劃，用填海的方法，增加土地，而將近海的有「海權」的新填地作為交換條件。

中區填海計劃，是由干諾道中向北填海得地，填海工程以卜公碼頭為中心向西伸展，卜公碼頭位於干諾道中近畢打街口，先將卜公碼頭的上蓋拆去，然後進行填海。向東伸展的填海，則以雪廠街以至舊天星碼頭為中心，向海軍船塢方面伸展。填海工程分東西兩邊進行，故暫時不必影響舊天星碼頭和油麻地小輪碼頭，渡海小輪仍可照常來往港九兩地。

在填海的時候，海軍船塢的大片土地仍屬海軍用地，夏愨道還未出現於香港街道圖上。在 1954 年出版的香港街道圖，干諾道中仍是至美利道為止，中間隔一海軍船塢。但該年的中環街道圖，填海已在舊天星碼頭之東進行，地圖上有「在填海中」的字樣，從 1954 年的香港街道圖上亦可以見到，填海工程以東部地區的進展較為迅速。

顯然，香港政府是急於收回海軍船塢的地段，故加緊進行海軍船塢外的填海工程。

這一部分的填海工程，以軍器廠街為止，當填海完成之後，就在海軍船塢地段範圍的新填地的海邊，建成一新的海軍基地，這個基地，稱為「添馬艦總部」。

「添馬艦」是英國海軍派駐香港歷史悠久的戰艦，這艘戰艦

英文名字為 TAMAR，它已成為駐港英海軍的代名詞，「添馬艦總部」，亦即英駐港海軍的總部。當「添馬艦總部」建成之後，就在這個總部近陸地區築起一幅圍牆，列為禁區，原駐於海軍船塢的海軍人員便遷入這個「總部」內辦公，然後才開始建造一條直通往灣仔的馬路。

　　這條馬路是將中區的干諾道中，和灣仔區的高士打道（現稱告士打道）連接起來。換句話說，從前干諾道中和高士打道不能直通，因為當中有海軍船塢的隔阻，如今打通了，儘管它本可作為干諾道的伸延部分，但由於夏慤是海軍將領，同時又是香港重光時接收香港的將領，故用夏慤將軍的名字來命名。同時，這條路的設計是和以前香港傳統道路不同，加上這條路將來要和收回的

由分域街西望告士打道，約 1940 年代。（由陳照明先生提供）

海軍船塢地段互相連繫，若作為干諾道的伸延部分，將來收回海軍船塢地段用作發展用途時，便不能成為干諾道或高士打道的伸延部分，這就是這條路以夏愨的名字命名為一條新路的原因。它是標誌著將來海軍船塢地段發展的道路，當時所謂「金鐘地王」，就是從前海軍船塢的地區。

架起首座「汽車天橋」

為了預計到海軍船塢全幅土地的發展，因此建夏愨道時，其中一部分採用汽車天橋的形式興建，故夏愨道也是香港第一條架起汽車橋樑的馬路。

汽車橋樑在香港被稱為「汽車天橋」，在中國詞語中，橋樑是橫跨於河面或水面的建築物，汽車橋樑並非跨在海面和河道之上，而是陸地上的橋。只建於陸地之上，專供汽車行駛。當時香港的文人不稱之為汽車橋樑，而名之為「汽車天橋」，即表示此橋有別於橋樑，只是供汽車凌空而過，故名「天橋」。

夏愨道初建汽車天橋時，只將由東向西行的一邊路面架起橋樑，由西向東而行駛的汽車，只在路面行駛，沒有汽車天橋。當時很多汽車司機覺得這樣設計是多此一舉的。既然整條馬路都是連接干諾道和高士打道，何必在西行路那邊建天橋呢？和高士打道一樣平行行駛，不是更加方便？何必要多建天橋？

原來，這條汽車天橋是為了將來發展海軍船塢地段而設的，

假如不建一座汽車天橋的話，日後海軍船塢地段發展起來時，汽車怎樣駛進這幅地皮上去？海軍船塢地段，發展成為「金鐘地王」，是和最初設計汽車天橋有關的。

天橋由東向西凌空而過，則從西向東來的汽車，可以自天橋底下穿進金鐘地段去，自東向西行的汽車，則可以沿左邊的行車線駛進金鐘地段，不阻礙自東向西的汽車，這些汽車可登上天橋而直趨干諾道中，因此夏愨道是分三條行車線，是香港較為特別的一條馬路，值得詳細一談。

夏愨道的結構，中線是汽車天橋，近北邊的行車線是自西向東而行的汽車行車線。近南面的行車線是駛進金鐘地段去的，它是中間凌空，兩邊平地的一條道路。

香港沒有幾多條這種道路，其他類似的道路，都是以夏愨道

圖為建於六十年代中的夏愨道天橋，時至今日已成為新市鎮道路的典範。

為模式而設計的，例如九龍漆咸道的九龍東部廊，就是以夏愨道為模式，也是道路中間凌空架起天橋，左右兩邊平地。這種模式的道路，可方便汽車駛進新發展地區去，故可稱為「夏愨道模式」。

現在新界新市鎮很多道路，都採用夏愨道模式設計，夏愨道無疑成為新市鎮道路的典範。

夏愨道自西向東行的一段道路，行人道旁邊有一幅石砌的圍牆，這圍牆之內，就是「添馬艦總部」，在香港政府出版的舊街道圖上，可見「海軍總部（添馬艦）」字樣之下，用一括號另寫「海軍船塢」四字，保留海軍船塢的名稱。

「添馬艦總部」的閘口，有巨大的警告牌，説明這是禁區，閒人免進，看來好像裡邊有甚麼軍事秘密似的。其實，整個總部內部一切都可以從金鐘地段內的大廈高層的窗口看到。其中名叫「遠東金融中心」的大廈，在向海的窗口，對這個海軍基地內的情形，都可一目瞭然，沒有甚麼秘密可言。事實上，英國遠東海軍力量也極微弱，以英國的國力來説，是難以再維持一支龐大的遠東船隊，象徵式維持一個「海軍船塢」是明智之舉，船塢既屬象徵式，自然沒有甚麼大不了的軍事秘密，故容許金鐘地段興建數十層的大廈。

夏愨道的起點和終點，亦足一述。它的起點為美利道與干諾道中交界處，因為在未收回海軍船塢作發展用途之前，干諾道是到美利道為止的。美利道東側的木球場，就是現在的遮打公園，在這公園的旁邊，有一座石碑，是干諾王子訪港時所立的紀念基石，干諾道是用這位王子之名命名的。因此，夏愨道的起點，應在美利道口，即干諾道的終點。

　　至於夏慤道的終點，應該是高士打道的起點，那麼高士打道的起點在甚麼地方呢？要尋找答案，最佳是拿戰爭結束時的街道圖來參考，那時的街道圖，高士打道的起點，在灣仔的軍器廠街口，當時，在東邊，只有一條軍器廠街能通進高士打道去。故夏慤道的終點，就在軍器廠街口。

　　夏慤道近軍器廠街那一側，在濱海的地方，有一座直升機場，這是香港第一座直升機場，在六十年代末期已經建成，是唯一民用的直升機場。機場仍由民航局管理，這個直升機場建成之後，香港也出現了民辦的直升機公司。

　　記得在初有直升機租用時，香港一家西報，首先租用直升機拍攝新聞照片，將很多在地面不能拍攝的動亂動態，從直升機上拍攝下來，開創了香港攝影記者使用直升機拍攝新聞照片的先河。其後很多海難事件，也利用直升機拍攝新聞照片，例如「佛山輪」的沉沒、「海上學府」的火警、「珍寶」海鮮舫的大火等，都使用直升機拍攝新聞照片。而記者登上直升機，和從直升機下來時，都是在這個夏慤道的直升機場升降。

　　其後直升機公司，又舉辦從港島飛往啟德機場的服務，此項服務是專為外國來港的遊客而設，很多遊客因趕時間乘飛機離港，而那時海底隧道又未建成，從港島酒店乘車渡海，只能乘汽車渡海小輪，而輪候汽車渡海，常常無法控制準確時間，很容易就誤了班機，乘直升機飛往啟德機場，既快捷又能控制時間，是以頗受遊客歡迎。

　　夏慤道南面的一側，就是被稱為「金鐘地王」的地區，當最初發展的時候，其中一大幅地皮，曾經做過「小巴監獄」。

　　「小巴監獄」是當時的俗稱，它其實並無甚麼總稱，只是交通當局將該幅地皮用作扣押公共小型巴士的扣押場所，公共小型巴士被扣押於該處，小巴司機稱為「小巴坐監」，故將這塊地方稱為「小巴監獄」。公共小型巴士的面世是香港交通史上一種極有趣和有意義的事件，值得一談。

　　在 1969 年之前，香港並無公共小型巴士的名稱，公共小型巴士的前身，名為「九人車」，「九人車」原是行駛於郊區的汽車，它的正確名稱為客貨兩用車，是方便郊區的居民來市區購物，或自鄉村將貨物運進市區，連人帶貨一齊運送。依照當時立法規定，這種客貨兩用車可以收費，但只許乘客九人，是以名為「九人車」。又因這種客貨兩用車，規定車身噴上黑白方格作為標記，由是黑白方格有如階磚一樣，是以又稱之為「階磚仔」。這種客貨兩用車本來只限於來往於郊區和市區之間，不許在市區內接載客人。

　　「九人車」變成公共小型巴士，有一段發展過程，是新近來港定居者所未知的，故在這裡詳細談一談，俾知道夏愨道旁當年設「小巴監獄」的原因，以及知道現時公共小型巴士的滄桑。

「公共小巴」的誕生

　　1967 年香港受內地政治運動所影響，又適值香港政府各機關高官的殖民主義思想極為頑固，對因工人要求改善生活、要求增加工資而掀起的工潮，不斷以殘酷的手段加以鎮壓，於是激發了一次「抗暴鬥爭」的風潮。

在這次風潮中，公共交通工具如的士、電車、巴士，有很多工友參加罷工，但是其他行業的工人仍須工作才能維持生活，很多工廠的東主，面對這種形勢，已自動增加工資，希望他們如常返廠工作。於是乎，當局為了解決交通問題，就鼓勵原本只能行駛於郊區與市區之間的「九人車」，全部開入市區，維持市區的交通。「九人車」本來只得九個座位，因車上留有一些空位用來放置小量貨物，「九人車」的司機便利用這些空位，放置十多張櫈仔，供乘客作座位之用，於是一部「九人車」一下子便可載二十多名乘客。而當局又不限制他們收費，使得當時的「九人車」要每位收費五毫或一元，但那時巴士才只收二毫至三毫。「九人車」雖然收費昂貴，卻因沿途可以停車上落，十分方便，於是上班下班的人，都願乘搭「九人車」，使交通問題得以迎刃而解。及到風潮漸漸平靜，巴士、電車和的士都恢復正常運作，這一大批「九人車」在市區行駛是不合法的，號稱法治的香港，在緊急狀態時可由港督會同行政局容許「九人車」在市區載客，緊急狀態過後，就不能這樣了。

因此，在 1968 年底，當香港漸復常態之後，社會秩序就要回復正常，這些「九人車」也應依法轉回郊區去營業，但是，「九人車」的車主和司機，均提出抗議。他們說：「當風潮緊急時期，就叫我們冒很大的風險來維持市區的交通，現在恢復正常，又要禁止『九人車』在市區營業，這等於『打完齋不要和尚』，義理何存！」於是，他們團結起來，要求「九人車」在市區營業合法化。

有一點是交通當局所難以推卸責任的，就是在 1967 年風潮初起的時候，「九人車」只有六百多部，這有限的車輛難以負起當

時港九市區交通責任。交通當局為了增加車輛恢復交通，又鼓勵有客貨兩用車駕駛執照的司機去買一部「九人車」在市區內行駛，其時當局大量發給「九人車」牌照，到了 1968 年中，「九人車」的數量已增至三千多輛。這些在風潮期間被鼓勵買「九人車」的司機，更是振振有詞，指出如果取締「九人車」在市區行駛，就是當局欺騙他們，當他們買車領牌之初，是當局鼓勵和批准「九人車」可在市區行駛和營業的，當日不曾説明甚麼時候取締，而且發牌之際顯然是表示永遠可在市區行駛的。這樣一來，負責交通方面的高官，便無辭以對。他們自知違反《公共交通事務條例》的不是「九人車」司機，而是交通當局。香港法例有《公共交通事務條例》，分「香港本島」及「九龍新界」兩條，那是規定兩地的公共交通事務的專利權的條例，這兩條條例並無明文表示給予「九人車」在市區行駛營業之權。換句話説，當時兩間巴士公司，可以根據這兩條條例控告交通當局，要求賠償巴士公司的損失，因為「九人車」在市區內營業，明顯地侵犯巴士公司的專利權，影響他們的收入。所以當時交通當局所受的壓力極大。1969 年初，準備取締「九人車」在市面行駛的動機，主要是鑒於它們違反香港本島和九龍市區的公共交通的法例。但由於有三千多部「九人車」是交通當局於發給牌照時准許它們在港九市區經營的，交通當局又不能卸責，於是只好想辦法解決。

　　當「抗暴風潮」完全成為過去的時候，其他車輛在道路上常被「九人車」阻塞交通。這是由於「九人車」是在動亂時期出來維持市區交通的，那時候的「九人車」遂成為獨一無二的公共交通工具，司機習慣了在道路上穿來插去，有客上就停車，有客落

又停車；社會恢復正常後，「九人車」的一些司機卻習慣成自然，使道路經常阻塞。其他汽車的車主因而向當局投訴，也站在取締「九人車」的立場上，「九人車」遂成眾矢之的。交通當局認為無法再使用「九人車」來作公共交通服務，但事實上是很難取締在營業中的「九人車」的，那怎麼辦呢？

終於，有人想出一個名為「小型巴士」的名詞，用「公共小型巴士」的名稱，代替「九人車」。這樣，既可以將「九人車」完全禁絕於市區內行駛，又可以令「九人車」繼續在市區行駛，因為，以後再無「九人車」的名稱，將所有「九人車」改裝為「公共小型巴士」，將車身髹以黃色紅橫間，將車內的座位由九人座位改為十四座位，這樣「九人車」便消滅了。

既用「公共小型巴士」來取締「九人車」，則其他私用「九人車」又可用「私用小型巴士」一名詞來代替，於是，便在立法局修正所有以前的道路交通條例。原來，過去的法例並無「公共小型巴士」及「私用小型巴士」的名稱，要在所有這些條例中，加入這兩類小型巴士，才能使之合法化。

1969 年 7 月 3 日，立法局通過《道路交通（修正）條例》，在條例中加入「公共小型巴士」和「私用小型巴士」的字眼，除此之外，並加入一些條款，作為限制小型巴士使用道路的權力。例如該條例第三條甲項中的 D 款，將原法例的 D 款原文刪去，改為下面的字眼：

路上行車之管理，特別是在任何日期完成指定時刻，禁止某一類型車輛行駛，及某一類型汽車可在某一路上

行駛之方法。

　　這是為將來設立「禁區」的立法條文。我們今日乘公共小型巴士，不能在「禁區」停車上落，以及某些汽車不能上落客或貨物，就是由這一條法例所規定的。因為這些「禁區」，是屬於「在某一路上行駛的方法」之一種。

　　修正的道路交通條例的第三條乙項，又將L款文刪去，改為對於違反該條例的汽車，得以查抄及扣留不超過兩個月的限期。這就是為了應付「九人車」在改為小巴之後，司機仍用行駛「九人車」的態度在道路行駛時，將汽車加以扣留，令到車主和司機都無收入，迫使他們遵守道路交通規則。這一條款，就是夏愨道旁一塊地皮成「小巴監獄」的根源。

　　1969年7月3日通過的《道路交通（修正）條例》最末有兩行字，以附註的形式，說明這次修正條例，是專為小巴而設，其「附註」的原文云：「本修正案目的在使公共及私用小型巴士合法經營運輸業務。」可見，這是使「九人車」變為「公共小型巴士」的法例依據。

　　所有的交通規則和法例，都已加入「公用小型巴士」的字眼，便可以將「九人車」變為小巴了。於是當局宣佈「九人車」改為小巴的辦法。

　　首先是將牌照費提高到每年三千元。以前「九人車」牌照費是幾百元一年，改為公共小型巴士後，牌照費提高幾達十倍。私用小型巴士每年牌照費只收四百八十元。中巴和九巴，亦有權經營小巴，小巴的乘客，規定不得超過十四人。

　　至於駕駛執照，以前是沒有「小型巴士」執照的，在此之前，凡持有客貨兩用車駕駛執照的，一律可換公共小型巴士駕駛執照。以後，則要通過考試，才能發給小巴執照。

　　公共小巴的收費，不予限制，但必須清楚顯示收費的價目，以便乘客有所選擇。同時，不得在車內車外，高聲叫喊招引乘客。每輛小巴，必須掛出目的地指示牌，不得藉詞不駛至目的地。同時，公共小巴不限港九兩地市區或郊外，均可行駛，而公佈不准小巴駛入的地區則屬例外。當時，宣佈尖沙咀區為公共小巴不准行駛的區域。

　　以上是「公共小巴經營規則」的主要內容，「九人車」就在當時，紛紛轉為小巴。

哄動一時的「劉炳案」

　　當「九人車」轉換為「公共小巴」之初，當局再增發了一大批小巴牌照，港九道路上，便多了很多小巴行駛，小巴由於牌照費增加，車價亦增加，車輛又多，形成互相競爭。於是，使道路交通更加混亂，使其他車輛在使用道路時，倍感不便。

　　來自其他車輛的車主、司機和公司的壓力越來越大，當局為公平使用道路起見，於是對違反道路規則的小巴，加以扣留，因為依照通過的法例，當局對違例的汽車，是有權將它扣留的。當局認為扣留小巴，可以阻嚇小巴車主和司機遵守道路規則。須知小巴是謀生工具，一旦將車扣留，則車主和司機都無法使用此工

具去營業，為免被扣留，自當遵守道路規則。

於是，運輸當局對一輛違反交通條例的小巴加以扣留，作「殺雞儆猴」之計。按照當時的交通條例，是在扣留之前七天，通知車主，七天之後，即對該小巴加以扣留，誰知扣留該小巴的時候，車主向法庭提出上訴，上訴理由為，該小巴車主並未犯法，他的小巴，不應扣留。原來，違例之小巴，於違例後第二天，已更換了主人，新車主名劉炳，他是該車的新主人，在他名下的小巴，未曾違例。

當時合議庭判劉炳得直，小巴不能扣留。這就是香港小巴案件中，著名的「劉炳案」。在當時哄動整個香港，法律界人士事後檢討，認為原有的道路規則，法律條文上有漏洞，使合議庭不得不依法判定該小巴不能扣留，補救之法是立即修訂法律條文。

因此，立法局於 1970 年 7 月，通過《道路交通（修訂）法案》，在該法案之前，有一段說明文字，其文云：

　　查合議庭在判決劉炳對女皇陛下一案時裁定原有條例第三款，第一段「I」節所賦給之權力，祇限於規定凡遇車輛之使用係違犯該條例時，得將該車輛拖去，拘禁及扣押，而不包括制定規例將凡在違犯條例情況下而駕駛之車輛拖去，拘禁及扣押。……根據原有條例第三款所制定之附屬法例，數量頗巨，唯其中大部分則未因合議庭之判決而受到影響，法案第三款旨在對該等因劉炳對女皇陛下一案之判決而發生疑問之法例今後之效力加以確認。但並無追認其既往效力。此舉可使總督會同行

政局毋須另行根據修訂後之第三款重新制定該等法例。

這一段文字的大意，是因為劉炳一案合議庭發現法例有漏洞，不能不判他得直，但恐今後違犯法例的小巴可繼續走法律罅，是以制定更完善法例，堵塞法律漏洞。

當時修訂的法例，條文很長，若照錄則枯燥無味，現將其中主要的一條錄出：

> 本法例特別聲明，不得以該小型巴士在該違例事項發生後已轉換另一註冊車主事為特別理由而圖使該車免被扣押，此項新訂規定之目的，乃係防止小型巴士車主將其車輛作假偽之轉售以圖避免其小型巴士遭受拘禁之處罰。

這就是堵塞以前的法律漏洞，即不能因為小巴已換了車主而不能扣留，於是觸犯了交通法例的小巴便無法乘法律漏洞而免「坐車監」了。

當局為了維持交通暢順，對違例小巴加以扣押，務使小巴車主和司機遵守道路規則，於是要設立一處地段，作為扣押小巴的場地。當時夏慤道南面的地皮，即原日海軍船塢內的一大幅土地，係用作扣押小巴的場所。整塊場地約為金鐘地皮的四分之一，當時運輸署用鐵網將整塊地皮圍繞起來，所有違例的小巴都扣留在裡面，小巴司機稱之為「小巴監倉」，被扣押的小巴稱為「坐小巴監」。

　　這種扣押小巴的制度，是要付出很高的成本的，「小巴監倉」的土地必須平整才能供小巴駛進及駛出，又要一批管理人員來管理被扣押的小巴，將一幅地價昂貴的地段作如此用途，其成本之高，實在不合經濟原則。

　　但是，當時由「九人車」改變成的小巴，實際上需要作嚴格的管理。為了使交通秩序走上軌道，付出這樣大的制度成本，亦在所不惜。事後證明，此種制度果然有效。須知小巴車主分兩種：一種是自己駕車經營的車主，另一種是租車給司機經營的車主。若司機和車主不遵守道路交通規則，就會失去收入，小巴被扣押期內，無法用來營業，兩種車主都蒙受損失。這樣，他們便會考慮得失，以免自己的小巴成了「囚犯」。

　　當時經修改的道路法例，其條文並非專門針對小巴，事實上，它所指車輛亦包括計程汽車和巴士等營業汽車在內，以免給人以為是專門對付小巴的，即凡違例的汽車都可以被扣押七天，以示公平對待所有車輛。事實上，如果只是對小巴扣押，其他車輛不扣押，也是不能使道路暢通的。

　　如此昂貴的制度成本，意味著這種制度是不會長久執行的，1970 年同時通過《定額罰款條例》，就是增加收入的辦法，用以彌補當時為了維持道路交通的過高成本。

　　現時被社會人士通稱為「牛肉乾」的定額罰款通知書，就是於 1970 年開始實施的制度，它是根據 1970 年 3 月 11 日在立法局通過的法例而施行的。根據該條例，凡輕微違犯交通條例，均可依照所違犯的性質，而規定一個定額的罰款數目，維持交通秩序的公務人員，可將罰款通知書交給車主或駕駛人，車主

或司機可依通知書上所列的罰款數字繳交罰款。如不認罪，可依法抗辯，反對是項罰款。

定額罰款和「坐車監」的法例，差不多在同一時候推出，都是屬於維持交通秩序的新辦法，在 1970 年之前是未有的，是一項新嘗試的方法。在經過多年的施行之後，定額罰款的方法收效較佳，於是成為長久施行的辦法，至於「坐車監」，法例並未取消，但後來漸漸以定額罰款來代替。由於有定額罰款的辦法，因此在執行職務時，交通警察可以用定額罰款來處罰違例的車輛，從而代替扣押汽車的做法，因此在 1972 年之後，扣押小巴的處罰形式已大為減少，夏慤道旁的那一個「小巴監倉」亦可以取消，將地皮作發展用途。

夏慤道這一塊曾作「小巴監倉」的地皮，其後發展為地下鐵路的工地。地下鐵路建築工程，除了一部分地區因地勢低陷，要築架空路軌外，大部分工程，都是在地底下面進行的，但其中的一段，則不是在地底下面挖隧道施工，而是從地面掘向地底之下施工的，這一段的施工工程，就是在夏慤道南面的這一段。當時該處挖了一條很長的深溝在施工，路經該處，可見地下鐵路施工的若干程序。

在 1980 年之前，夏慤道可說還未定型，因為位於其南面的土地，即海軍船塢原日的地段，尚未完全發展起來，及至這一段地段建成了高樓大廈之後，道路便無法再改變，故而定型，即現時我們所見的夏慤道。我們試看看這條道路的形勢，近海的一側，所有建築物都是屬於政府所有，而路的中間，則是長長的汽車天橋，

近山的一側路面，就是金鐘地段，全是商業大廈。於是構成這條路上的汽車，自西向東行駛的汽車，速度很快，因這一段路左旁無可供使用的公眾用地，沒有停車的必要。而自東向西行的汽車，若經天橋而上，也是行車迅速的。但自東向西駛入近金鐘地段的車輛，因該處多大廈，又是地下鐵路金鐘站所在，停車的車輛較多，故行車緩慢。

　　夏慤道的汽車天橋，有很多空間，從前曾被流浪者作為住宿地，後經當局將流浪者驅逐，在這些空地上，放下三尖八角的巨石，作為點綴，既可阻止流浪者利用該地，又能增加美觀，使市容別具一格。

鳴謝

（按筆畫序）

本書的出版得下列熱心人士鼎力相助，謹致謝忱。

吳貴龍先生　地圖提供

張順光先生　照片提供

陳照明先生　照片提供

鄭寶鴻先生　照片說明

魯　金　作　品　集

策劃編輯　梁偉基

責任編輯　朱卓詠

書籍設計　陳朗思

書籍排版　吳丹娜

書　　名　香港中區街道故事

著　　者　魯金

出　　版　三聯書店（香港）有限公司

　　　　　香港北角英皇道四九九號北角工業大廈二十樓

香港發行　香港聯合書刊物流有限公司

　　　　　香港新界荃灣德士古道二二〇一二四八號十六樓

印　　刷　美雅印刷製本有限公司

　　　　　香港九龍觀塘榮業街六號四樓 A 室

版　　次　二〇二三年一月香港第一版第一次印刷

規　　格　特十六開（145×210mm）二七〇面

國際書號　ISBN-978-962-04-5080-8

©2023 三聯書店（香港）有限公司

Published & Printed in Hong Kong, China